韩兴娥课内海量阅读丛书

让孩子踏上阅读快车道

下　　韩兴娥 —— 著　　第2版

目 录

第五章 二、三年级海量诵读白话文

1 引言……3

  一、流畅朗读……3

  二、积累语言……4

2 略读白话文……7

  一、"主题学习"丛书口头填空题的选择……7

  二、"主题学习"丛书等略读书目的学习助力系统……10

  三、背诵比赛显本事……12

  四、在欢声笑语中学习《成语笑话》……15

3 读准是基础　理解是本能……20

  一、《成语词典》教学札记……22

  二、诵读儿歌轻松掌握 226 个多音字……29

  三、诵读《中华成语千句文》，积累成语了解历史……35

第六章　白话文言同步推进

1 趣味盎然学古诗……47

　　一、古诗集体预习没有预设也精彩……47

　　二、古诗学习："胡乱理解"是妙招……51

2 200首宋词之旅……57

　　一、故事引路走进浪漫长短句……57

　　二、"引读"使宋词教学踏上快车道……64

　　三、"走进苏轼"专题研究课例三节……72

3 名言警句教学……88

　　一、准备……88

　　二、疯狂语文……89

　　三、滚雪球……90

4 白话文言同步推进：案例《骏马的悲歌》……95

　　一、原文举例……95

　　二、印发给学生的自学材料……98

　　三、课堂教学……101

5 二教《中华上下五千年》……106

　　一、第一次教学《中华上下五千年》……106

　　二、第二次教学《中华上下五千年》……111

6 按历史顺序学习成语……122

　　一、为了学生沉思静读……122

二、《读历史 学成语》基本教学方法……125

三、《读历史 学成语》教案、课堂实录……129

7 二教《论语》……145

一、第一次教《论语》边读边教……145

二、第二次教经典完善《读论语 学成语》……158

第七章　作文教学

1 低年级写话晚起步……167

一、一年级家长代子捉刀写"学以致用"……167

二、认识段落……168

三、改错方式……169

四、抄课文与"处女作"……170

2 中年级作文起步写游戏……172

一、三年级上学期作文教学计划……172

二、作文起步教学案例：三次成语接龙……175

三、教师"下水"，激发练笔兴趣……181

3 中高年级轻松作文……183

一、弱化写前指导……183

二、讲评课上成读书课……186

三、写提纲事半功倍……189

四、写着玩的"循环日记"……191

五、如何写好记叙文……193

　　六、阅读量变引发作文质变……196

第八章　家校沟通营造阅读"巴学园"

1 沟通要客观、及时……203

　　一、写公开信……204

　　二、秘密信件……213

2 打造儿童阅读环境……217

　　一、"诱惑"家长"亲子共读"……217

　　二、组建班级图书超市……222

　　三、雷区穿行——推荐图书……223

　　四、"小豆豆"在海读中转变……225

　　五、润物无声　化育无形……232

第五章

二、三年级
海量诵读白话文

全班学生如何在一节课内共读数十页书？如何集中快速积累词语？

引 言

　　"海量阅读"的教学目标不是以一节课、一篇文章为单位来设定的，而是以一本书、一个年龄段为单位来设定的。我把小学六年分为三个阶段：一年级在"海量阅读"中识字，二、三年级主要在"海量阅读"中诵读、积累，四、五、六年级大量诵读经典。

　　一年级诵读近千首儿歌，学生就能过识字关，那些认字模糊的孩子在阅读过程中可增加识字量。二、三年级的重点是海量诵读、积累白话文语言，为口头、书面表达打下基础，使每一个孩子能流畅地表达见闻感受，达到"保底"的要求。这个"保底"的要求不高，对没有智力缺陷的孩子来说，这是很容易达到的。但如果不把大量读物引入课堂，每个班就会有几个孩子不会写，写出的东西也文不达意，句不通顺。这也是十多年前，我按常规进行课本教学，无论多么努力也无法逾越的"天堑"。所以，二、三年级，我先通过海量诵读、积累白话文，把这一难关攻克。

一、流畅朗读

　　二、三年级练习朗读的首选读物是各种版本的语文教材，教材都配有录音。上课时，学生听着录音，看着课本，精力可集中了，每一篇课文对他们来说都是一个新鲜的故事。听完录音孩子们自己读一遍，对于难读易错的生字、生词、句子，老师或打印出来，或写到黑板上，或投影到屏幕上，大家一起读。

带着故事的《三字经》《弟子规》《唐诗故事》《宋词故事》《成语故事》《中华成语千句文》等是适合二、三年级学生阅读的书。韵文、诗词要在课堂上引导学生反反复复地读，以至于熟读成诵。这个阶段应以阅读白话文故事为主。韵文、诗词下面的故事是用来练习朗读的。课堂上只安排集体读一遍的时间，老师通过一些奖励手段，引导孩子提前阅读，引导亲子共读，家长多听孩子读，孩子读错了纠正读音。老师则在课堂上领读故事中易错的词语，为学生清除阅读的障碍。

二、积累语言

翻阅自己以前的教学笔记，发现有些教学方法只适合彼时彼地，但有些教法适合一直使用。比如要求学生在略读全文的基础上诵读部分句段的做法，是我从初为人师就开始并一直采用的。

最初，我几乎不留课本上的家庭作业，给学生留出充足的时间自由阅读，但要求学生"不动笔墨不读书"，可以在书上勾画，可以选择精彩片段写到读书笔记本上，并大体背诵。老师每天检查学生的读书笔记和积累、背诵的情况，检查的形式也不固定，有的全查，有的查几句，有的让学生之间互相查。根据积累的质量、数量给予学生适当的奖励。

这样的方法简单易行，适合所有的班级。在进行"课内海量阅读"之前的十多年来，我一直这样做，只不过当时的学生没有共读同一本书。我任教的班级出现了很多出色的学生，经常发表文章。2000年之后，我蹒跚着走上全班共读一本书的"课内海量阅读"之路后也是这样做的，全班学生的语文素养（主要外化为朗读、作文、口语表达等能力）明显高于平行班。

但"懒学生"专拣最简单的句段背诵，欣赏水平有限的学生找不出好的句段，于是我开始给学生出口头填空题（自学材料）背诵，这样，全班学生都能诵读文中表现力强的句段，而且学生背诵口头填空题的速度比背诵句段的速度快很多，在背诵过程中学生还能对要填的词语加深理解。

下面以三个口头填空题为例说明。

_____是专管_____天气的。_____能够_____电视、电话、广播信号。

_____过一座小丘，_____过一道山谷。蝴蝶_____着跳舞，松鼠_____着脚步；小树_____着绿叶，绿叶_____着露珠；露珠掉在林中，变成朵朵蘑菇；阳光_____着鸟声……

我真希望，烟囱里_____出来的，不是_____的黑烟，而是_____的云彩。我真希望，烟囱里_____出来的，不是_____的粉尘，而是_____的泉水。

"气象卫星是专管预报天气的。通信卫星能够传送电视、电话、广播信号。"这道题能让学生记住一些科技知识。

"翻过一座小丘，穿过一道山谷。蝴蝶追着跳舞，松鼠数着脚步；小树亮着绿叶，绿叶托着露珠；露珠掉在林中，变成朵朵蘑菇；阳光和着鸟声……"这道题中原本平常的动词在具体的语境中变得精妙极了，很难用语言分析透彻。对低年级小孩子来讲，他们也不愿长时间听老师分析，让他们背诵之后略略一分析就行。

"我真希望，烟囱里飘出来的，不是浓浓的黑烟，而是轻盈洁白的云彩。我真希望，烟囱里喷出来的，不是灰灰的粉尘，而是清澈晶莹的泉水。""飘"与"喷"，"浓浓"与"轻盈洁白"，"灰灰"与"清澈晶莹"的对比运用十分精彩，这些精彩之处，如果老师通过语言来分析会非常烦琐，非把学生分析得睡着了不可，而孩子边做动作边背诵则是有趣、有效的学习方法。

让学生背诵口头填空题，带一点儿"逼迫、强制"的意味。当了这么多年老师，我对小孩子的弱点多少有一点儿了解，你不逼下他们，他们往往就出现不同程度的"懒惰"。我曾要求三年级学生每天摘抄背诵一百字左右的好词好句，内容自选。于是种种"懒惰"之态就呈现在我面前了：有的学生不把宝贵的时间用在背诵值得背诵的句段上，而是哪句简单背哪句；也有的学生懒得去书上找值得背诵的句段，而是从头开始背，背了一年时间，还是在一本书上打转。况且不经过训练，小学生确实还不具备找出值得背诵的优秀段落的能力。

要想让孩子每发现一句美文就像在路边发现宝石一样，马上标出来，"刻"在心里，并及时背诵出来，除了通过口头填空题去"逼迫、强制"训练外，更好的办法是倡导家庭读书竞赛，即同读一篇文章之后，家长和孩子比比谁记住的妙词佳句多。

有些老师没有从一年级教起的机会，从中高年级"半路出家"进行"课内海量阅读"，就从最简单易行的背诵优美句段开始，从阅读主流机构推荐的读物开始。

"课内海量阅读"的起点很低，只要肯尝试，"一般老师、一般生源、一般学校"皆可为。当学生的语文素养达到一定水平，当师生一步一步走向优秀，当考试不再成为阻碍，学生就可以大量诵读经典了。

略读白话文

一、"主题学习"丛书口头填空题的选择

关于白话文的阅读内容,我们细读的是各种版本的语文课本,课本的语言是最规范的。低中年级,凡是能找到的带录音的语文课本版本,我们尽量多读。潍坊市的"主题学习"丛书在我的海量阅读中是略读书目,没有一篇一篇仔细讲解,但也不能只让学生看看了事。囫囵吞枣地默读、浏览是我一生最深刻的教训,因为缺少诵读,所以语文是我学生时代最差的学科。回顾学生时代的阅读经历,我深知朗读、背诵的重要性。为了让学生在短时间内大量吸取书中语言的精华,准备口头填空题(以下简称"填空题")是我备课的重点。填空题的内容分为两大部分,记诵语言是重中之重。如:

再听那格凸之水来到这里,经过二十多米宽,五十多米长的窄行之后,像一群脱缰的野马,便各奔东西,环石而过,穿岩而行,或跌入深潭,或串入幽谷,雷鸣般的怒吼,怒吼般的雷鸣,似狮子在吼叫,似雄鹰在哀鸣,你追我赶,又消失在黑黑的洞府,不得而知。听其声,观其行,不禁令人心惊胆战,毛骨悚然。

学生粗读这些段落,看不出有什么"好词好句",但一经背诵,"环石而过"与"穿岩而行","跌入深潭"与"串入幽谷"中的四个动词两两形成对比,学生就能慢慢体会到用词的精妙,并在写作中运用。

还有一部分填空题字数较少，主要来自故事，或童话、寓言、神话故事，或励志故事。这部分填空题要在原文的基础上略加改动，达到概括主要内容、总结中心思想的目的。比如根据下面这段话进行改动：

经过这几次打击和折腾，他人生中最美好的年华已几乎逝去。这年，他65岁，已身无分文，他拿到了生平第一张救济金支票，金额为105美元。然而，他并未死心，他手里还保留着极为珍贵的一份专利，就是从前那份赖以生存的炸鸡秘方。他又一次打起精神，开始他的再次创业。5年后，出售这种炸鸡的餐馆遍布美国和加拿大。在他70岁时，这种名叫肯德基的连锁店在全美达5000家，海外达4000家。而他，就是肯德基炸鸡的创始人——哈兰·桑德斯。

改成下面这样的填空题：

肯德基炸鸡的创始人_____经过数次打击和折腾，65岁的时候他_____，他人生中最_____的年华已几乎逝去。但他靠着从前那份赖以生存的炸鸡秘方，70岁的时候创业成功。

再如：

因为在雪地中所受的屈辱，希尔顿立下宏愿，从此之后，他不断地努力工作，存下他所赚得的每一分钱，终于创立了第一家"希尔顿大饭店"，并进而扩充成为全世界最大的饭店集团之一——希尔顿饭店集团。

改成：

因为在雪地中所受的屈辱，_____立下宏愿，他不断地努力工作，终于创立了第一家"_____"，并进而扩充成为全世界最大的饭店集团之一——_____。

这两段填空题都强调人名，因为对于故事情节学生一看就懂，但对于一些名称往往记不住。

他就是后来在美国历史上解放黑奴、结束南北战争，创造丰功伟绩的亚伯拉罕·林肯。

改为：

美国历史上解放＿＿＿＿、结束＿＿＿＿战争，创造丰功伟绩的亚伯拉罕·＿＿＿＿，曾经受过失业、竞选＿＿＿＿、企业＿＿＿＿、未婚妻＿＿＿＿等多次失败。

回答这样一份口头填空题要从全文中找答案，学生也从中记住了重要的历史事件的名称。

科学童话的填空题也是从大段的文字中提炼出来的，答案都在文章中，学生只要读懂了文章，不用"寻找"就能自然而然地填上。

一只小蝙蝠展开那一对黑翅膀，不停地飞呀飞呀——动物界兴起了"寻根"热，它也要去"寻根"呢！

"小蜜蜂，我们都有翅膀，一定是同宗同祖，对吗？"蝙蝠来到一株野花前，碰到了一只贪玩不归的蜜蜂。

"不是啊，我们都有翅膀，但我是昆虫家族，像蚊子、苍蝇才跟我们同宗同祖呢！你的脸蛋很像鼠，去问问它吧！"小蜜蜂委婉（wǎn）地告诉了小蝙蝠。

上面的段落提炼成下面的填空题：

一只小蝙蝠要去"寻根"，他和蜜蜂都有翅膀，但蜜蜂和蚊子、苍蝇等属于＿＿＿＿家族。

寓言、民间故事类文章要表达的主要意思在文章中一般能找到原文：

这个愚蠢的妻子对旧事物全盘照搬，结果弄巧成拙。

略加改动就是这个故事要提示的道理：

对事物全盘照搬，结果＿＿＿＿，自己害自己。

还可以选择一个重点填空。比如下面的文章：

鹅毛大雪纷纷扬扬地飘舞着，寒风肆意地呼啸着。"当——"已经12点钟了，早已疲倦的我伸着懒腰，这么晚了，爸爸还没有回来，我焦急地拉开了书桌前的窗帘。

大雪被寒风吹得乱舞，迷蒙了我的双眼，小街上的路灯还亮着，我忽然发现路灯下有一个人影在徘徊，这身影是如此熟悉，真是太熟悉了。像爸爸，太像了，可是爸爸不是去朋友家做客了吗？那身影突然停了下来，仰头向我的小阁楼上望着……

……

我的眼睛湿润了，泪水在眼里打转，我强忍着不让它流出来。外面的雪似乎又大了起来，爸爸还在路灯下徘徊，他不停地咳嗽，咳得很厉害，我只看见他的肩膀在不停地颤抖着。他搓着手，跺着脚。

改成下面的填空题，重点强调天气，让爸爸为了给女儿一个安静的学习环境而受冻这件事充分感染读者。

鹅毛大雪纷纷扬扬地_____着，寒风_____地呼啸着。

大雪被寒风吹得_____，_____了我的双眼。

我的眼睛_____了。

整理这份填空题耗费了我大量时间，但在诵读过程中学生的理解、背诵、表达能力都得到了提高。对优美的句段或者有一定难度的文字，老师可以改编成大号字，在上课时通过屏幕集体学习。

二、"主题学习"丛书等略读书目的学习助力系统

"主题学习"丛书是潍坊市教育局向中小学生推荐阅读的一套书。假期中我拿起三年级上学期的两本"主题学习"书来细细阅读。每本书拿在手中都感觉分量不重，但一本书足足有200页，字数最少是课本的十倍。为备课而进行的阅读显然不像读小说那样迅速，读完这两本书需要相当长一段时间。我这样的急性子，如果两天读不完一本，就容易厌烦，何况还要一边阅读一边考虑教法。第一本《走进美妙的世界》竟然一半是写景的文章，根本无法提速。在学生时代，我读到写景的段落一向是跳过去的，名气再大的作家也无法吸引我。为备课进行的阅读得仔仔细细地读，还要边读边考虑教学方法，于是我犯愁，如何让三年级小学生在一到两个星期内读完这两本书，并且有成效地读完？

如果只让学生自由阅读，学生对这些文章的兴趣远不如那些情节引人

入胜的小说，更不如那些色彩缤纷、装帧精美的童书。必须给学生安上一个动力系统，才能使他们兴致盎然、仔仔细细、自动自发地读。这个动力系统就是竞赛。李白坚教授给作文教学加入了游戏、竞赛的成分，学生马上瞪圆了眼睛，阅读也是如此。

阅读竞赛以四人合作小组为单位，可促使学生之间互相督促、帮助，还可以带动阅读能力弱的学生。每天学习30页左右，写景的文章学得慢一些，小故事学得快一些，学生的预习尽量提前。《走进美妙的世界》共15页填空题，每天背诵不少于两页。具体进度先上两节试试再定。课堂教学分两个大环节，一是阅读理解，二是诵读竞赛，各占半节课。

◎ **阅读理解** ◎

学生拿到书会先预习，课前学生边读边画线，用铅笔把口头填空题用括号和横线画出来；把文章的中心思想用曲线或方框画出来，也可以写几个字或一段话。

画口头填空题是照本宣科，不用教。下面举例重点说明如何画理解性的问题。我要求学生在略读的过程中"画理解性的问题"。段意、中心思想等理解性的问题都暗含在文章中，仔细阅读都能找得到，但小孩子或者因为能力尚弱，或者没有掌握方法，易使理解性的问题成为阅读理解的难点。

比如《内蒙古风光》，可以画出"幽美、淳朴、绿"，这是内蒙古风光的特点，也要画出"小山、河、花、路上"，这是所描写的景物。在《小溪流的清婉美》三段中分别画出："溪水叮咚的响声，更能激起人的无限柔情。""幽静如画的景色使人得到美的教育和启迪。""小河、溪流能使自己在极平凡的景色中寻找出魅人的神奇美。"这是三段的段意，是用每一段中的词凑起来的。

小组交流阅读理解题是课堂教学的第一个环节。每个小组成员各拿出5分奖状，合起来便有20分。老师根据每个成员贡献答案的多少，重新分配这20分。这种小组交流可以从当天的课前，也可以从前一天开始。

老师一边提问，一边讲解，每个组问一个学生，学生的回答决定他们小组是从老师这里"挣分"还是"扣分"。

学生自告奋勇谈老师没有讲到的问题，老师根据问题的价值奖励这个学生。

◎ 诵读竞赛 ◎

首先学生自己背诵填空题，然后集体看屏幕"开火车"背诵，背诵过程中老师提问讲解一些有助于理解的问题。

"开火车"背诵都通过的小组，下课时组长拿着小组成员的四本书找老师在目录上盖章，表示今天所学的页码（每一篇文章的页码在目录上都有）已通过背诵检查。"开火车"背诵没有通过的小组，下课单独找老师检查。如果家长已在家检查，就在目录相应的页码边签字，防止学生滥竽充数。每天检查当天所学页码的缺点是边背边忘，这不要紧，曾经背过的文字虽然忘记了，但都会内化为学生的记忆，最终外化为自由流畅的表达。如果有的孩子背诵了整本书的填空题，那么，他在得到应得的奖励之后，还会有额外奖励。

略读的书无法逐篇细读，我也从来不用"学一篇带多篇"的教法，我用这种"平推式"的教法给学生的自由阅读加上一个动力系统，使他们边读边思边背的成果能够有一个展示的舞台。对那些"懒孩子""慢孩子"来说，他们也被全班滚滚前进的洪流推动着，跌跌撞撞地被迫前进。每个孩子都能在当下受益，一直是我教学的追求。

三、背诵比赛显本事

注音版的《小学生拼音报》有儿童报纸的特点：篇幅简短、内容有趣、形式多样。在一年级时，我们先通过齐读、领读进行学习。到了二年级，学生有能力自学，报纸的内容能吸引他们。所以我通常找一个语文课较多的下午发报纸，绝大部分的学生此时已完成了当天的学习任务，这时候发给他们，他们既有读着玩的感觉，又可以比赛"谁读得快"。老师根据学生的抢答情况给予相应的奖励。

这是记录第一次比赛情况的《今日课堂》：

发下报纸后，我给学生一整节课的时间自由阅读，纪律好得出奇，我也享受着教学相长的乐趣，坐讲桌前读报纸。下课前五分钟进行读报竞赛，我根据内容提几个问题，学生抢答。每提出一个问题竟然有一片答题声，尤其是精力过剩的刘星辰。晚上一家三口进行读报竞赛吧！做事要趁热乎啊！

报纸本身的吸引力，再加上比赛的促进，使得学生会主动阅读报纸的内容，但要逐渐养成边读边背的习惯，提高抓住重点的能力，还需要第二天的课来巩固。第二天上课时，比赛"谁能抓住重点且背诵速度快"。

这是记录第二次比赛情况的《今日课堂》：

周四上课读拼音报的填空题，在此之前，学生都没有见过填空题。先让孩子自己读第45期的报纸，然后出示口头填空题，谁会背谁就背，同一个题目可以背三次，再齐读。

台浩文的背诵速度最快，经常是一出现题目，他就站起来背诵。其次是郭葳蕤、王容容，这两个孩子也抢答了不少题，王容容上课后才拿到12月份的报纸，他完全是现场发挥，一点儿准备也没有。吴静琨、张益嘉、张学博、宋佳怡也抢答了几个题目。

背诵能力强是聪明的一大表现。先天资质相对差一点儿的孩子只有靠日有所诵的习惯来提高背诵速度。这几个孩子之所以背得快，是因为他们已能够抓住文章的重点，知道老师会出什么样的填空题。这种能力不是靠听讲得来的，而是靠自己悟出来的。具备了这种能力的学生，学习语文轻松极了。

孩子到家后，家长拿填空题测试一下，如果孩子能背诵一半，说明他的背诵速度尚可。如果基本没背过，那就说明孩子上课开小差了。

有一部分学生很喜欢在比赛中显示一下自己的本领，一听竞赛就睁大眼睛。但在二年级，能够快速理解背诵的学生比较少，大部分学生缺乏"用武之地"，于是我允许学生把同一个题目背诵三次，第一个学生抢答之后，记住了答案的其他学生可以抢答第二次、第三次。到第三次时，有一片抢答的学生，说明大部分学生背过了这道题。

放学前，我出的填空题已发到公共邮箱中，学生到家后就能拿到题目。题目已公开，比赛的时机已过。第二天，就按座次背诵，会的站起来背诵，不会的可以背诵第二次、第三次，按座次背诵的奖励要看全组的表现，这样就充分调动了全体学生上课的积极性。有些口头填空题只要背过就行了，有些则需边背诵边引导学生理解。如：

细雨_____夜_____，_____进我门。腹内诗书_____，床头金银_____。

出门黄_____尾犬，越墙_____兰花盆。天寒_____，忙趁月色_____。

这是《郑板桥吟诗退贼》中的一段话，学生边背诵老师边提问：""'细雨蒙蒙夜沉沉，梁上君子进我门'中的'梁上君子'是什么人？二年级的学生真不知道那是指小偷，老师还得解释一下这个词。

"'腹内诗书存千卷，床头金银无半文'说明郑板桥的生活怎样？"

"'出门休惊黄尾犬，越墙莫损兰花盆。天寒不及披衣送，忙趁月色赴豪门'中的'赴豪门'是去做什么？"

再比如背诵《小北极熊溜冰》中的"北极熊的手掌和脚掌像船桨，适合划水，不适合溜冰"。接着背诵《南极最大的陆地动物》中的"南极洲有150多种陆地动物，但大多数是海鸟和海兽身上的寄生虫，并非真正的陆地动物。真正的南极陆地动物是昆虫，它们中个头儿最大的是无翅南极蝇，只有3毫米长"。

背诵之后让学生说说还知道哪些南极、北极动物，然后分析为什么北极的陆地动物那么大，而南极的陆地动物那么小。别看二年级小学生年龄小，孩子还真讨论出一个合理的解释："北极主要是一片海洋，能储存夏季的热量，用以减弱冬季寒冷的程度；南极地区是陆地，储存热量的能力差，环境比北极恶劣得多。"

四、在欢声笑语中学习《成语笑话》

2013年暑假逛北京图书大厦时，书架上的一套《看笑话 学成语》进入我的视线，我随手翻开，只看了一眼就断定——这就是我要找的书！是为"课内海量阅读"量身定做的书！让孩子在笑声中学习成语，多么巧妙的构思！真佩服邹敦怜、林丽丽两位台湾作者，没想到海峡对岸的同胞竟然跟我如此心有灵犀！于是，我毫不犹豫地买下一套，又邀请几位好友改编和试教。（目前这套书已授权大陆出版，"课内海量阅读"团队进行了改编，更名为《成语笑话》）

一个笑话中只有四个成语，太少了！我和团队绞尽脑汁地加成语、改笑话，希望用最短的篇幅给予学生尽量丰富的语言，同时又不失原有的妙趣。"成语意思猜一猜""成语运用猜一猜"两项练习，让学生在具体的语言环境中反复练习，以求熟练掌握成语。

食人族的菜单

在一架豪华客机上，不苟（gǒu）言笑的食人族国王也是乘客之一。乘务员彬彬有礼地询问："先生，您的午餐吃什么？牛排好吗？"

国王面无表情地摇头。

乘务员和颜悦色地再问："鸡排好吗？"

国王仍然不置可否。

乘务员不厌其烦地再问："先生，您究竟想吃什么？"

国王不动声色地说："请拿旅客名单来给我看看！"

乘务员一听面如死灰，心惊胆战地瞅了一眼大腹便（pián）便的食人族国王，半天说不出话来。

（一）成语意思猜一猜

1. _____：脸色惨白，如死灰一般。形容因沮丧、病痛、惊惧等而面色灰暗。

2. _____：和蔼的脸色，喜悦的表情。形容态度和蔼可亲。

3. _____：肚子肥大的样子。

4. ＿＿＿＿＿＿：不随便说笑。通常用来形容人一板一眼，严肃而不易亲近。

5. ＿＿＿＿＿＿：形容文雅而有礼貌。

6. ＿＿＿＿＿＿：既不说行，也不说不行。指不明确表态。

7. ＿＿＿＿＿＿：不嫌麻烦。

8. ＿＿＿＿＿＿：形容极其惊慌害怕。

9. ＿＿＿＿＿＿：不让感情、想法从说话声音、语气和脸色上流露出来。多形容态度镇定。

（二）成语运用猜一猜

1. 爷爷总是＿＿＿＿＿＿，大家都不敢亲近他。

2. 看到车祸现场的惨状后，他＿＿＿＿＿＿地愣在原地。

3. 每次弟弟犯错，妈妈总是＿＿＿＿＿＿地跟他说道理。

4. 汶川大地震后，余震不断，使得当地的居民都＿＿＿＿＿＿。

5. 这个＿＿＿＿＿＿的男人特别贪吃。

6. 这道题，他总是不懂，老师＿＿＿＿＿＿地讲给他听，他终于弄懂了。

7. 他对人总是＿＿＿＿＿＿，笑脸相迎。

8. 看到小偷在偷东西，爷爷＿＿＿＿＿＿地报了警。

9. 他＿＿＿＿＿＿地一笑，转身走了，我们都不知怎么办才好。

改编工作持续了两个暑假。伴着腰酸背痛，我和团队美滋滋地憧憬：等到我们把这套"不用老师教，学生就能自学"的书呈现在孩子们面前时，他们边读边笑，边笑边读，阅读的快乐将弥漫整个教室。

改编后的新书《成语笑话》（共6册）首先进入了我们自己的课堂。果然，我们欣喜地看到，孩子们一会儿哈哈大笑，一会儿沉思静读，沉浸在书香墨韵之中。看到这套书给孩子带来欢声笑语，给老师带来轻松愉悦，我们所有的辛苦皆化作了云烟，杳然无踪。

为了使全班资质、基础不同的所有孩子都"课内海量阅读"起来，我们制订了分级达标标准：

一星目标★：流畅朗读笑话。

二星目标★★：看着笑话口述两个"猜一猜"练习。

三星目标★★★：看着答案中的成语创造性复述笑话。

四星目标★★★★：用篇目中学过的成语创作笑话。

在教学过程中，我们注重"在阅读与写作之间架起一座桥梁"，培养学生使用语言的自觉意识和强烈欲望。通过学习，孩子们能够达到这样一种状态：学了成语，仿佛新获宝剑，时刻捕捉战机，一有机会，即用之而后快。于是，每学一组笑话就当堂安排口头运用练习，一组学多少个成语故事呢？老师可以根据整个班学生的阅读能力来确定。学习几组笑话或一本书后，就安排一次"阶段书面运用竞赛"：合作小组四个成员看着答案中的成语，在限定的时间内用老师给出的成语写句子或段落，一共能运用多少个成语，小组就能得到相应的分数。于是学生竞相运用，合作小组成员主动交流如何学以致用，以求自己的小组得到高分。

在此书的教学实践中，我们形成了简洁有效的课堂流程：

1. 预习：老师提前给合作小组排出讲课表，小组成员在课前演练如何讲课。可以轮流上台复述故事；可以全组成员分角色朗读，或者表演读……老师鼓励学生提前用大纸或在黑板上板书笑话中的成语和生疏的字词，便于他们边讲边指着这个词领其他同学读。这些板书可以保存起来，等待进行"阶段书面运用竞赛"时用。

以合作小组为单位在课前演练如何上台讲课

2. 讲述：上课时，各小组上台采用不同的形式讲笑话。老师鼓励学生不仅要把这个笑话中出现的成语都用上，还要尽可能地增加成语。同时，要把"笑点"讲明白，还可以向台下学生提问，台下学生也可以提出质疑。

合作小组成员上台以不同的形式领其他同学学习一个笑话故事

3. 自测：学生自测一组故事中的"成语意思猜一猜""成语运用猜一猜"。

学生自测一组成语故事中的两个"猜一猜"练习

4. 强化：把一组笑话中有一定难度的"猜一猜"打乱顺序后投影到屏幕上，进行强化练习。不经常使用多媒体的老师可以每周集中一节课进行强化练习。

5. 运用：把当堂所学的成语排列在黑板或屏幕上，也可以看着书后面的答案中的相关成语，让学生说几句话，试试学生能用上其中多少个成语，以小组为单位计分。

利用屏幕进行强化练习　　　　学生口头运用当堂所学成语

6. 阶段练习：每学几组笑话或一本书，可以组织一次"阶段书面运用竞赛"。

写句子竞赛

课堂上要挤出时间给学生展示：有的学生创作图片让大家猜成语；有的学生找出本组成语的同义或者反义成语；有的学生写日记运用学过的成语；有的小组合作写循环日记运用所学成语……

孩子们读着，笑着，表演着，创造着……

读准是基础
理解是本能

"学校为了惠及更多的北海学子，配备了供学生集体阅读的书，为不知满足的儿童提供了大量的精神 饕餮 。"

读这句话，可能很多人不认识加了框的"饕餮"二字，但意思都能猜出来：为不知满足的儿童提供了大量的精神食粮。在阅读中根据前后文猜词义是人的本能，每一个具备识字能力的人都有这样的体验。但字音需要我们去学习。一般查字典的习惯很难养成，我不奢望所有学生都能养成查字典的习惯，但我作为小学语文老师最重要的责任之一是通过大量诵读让学生读准字音，读准字音是语文教学的基础。

猜词义是人在阅读中的本能行为，本能行为是不用教的，家长、老师完全不用着急，只要读准了字音，在以后的阅读中，孩子们就会本能地理解其义。老师、家长要教的东西实在简单得很，除了读准字音外，就是断句，古人叫"句读（dòu）"。以前我曾写过《泡汤的现场会促生海量阅读》一文，大意是我的第一轮"课内海量阅读"实验进行到二年级下学期，一个副局长告诉我，让我两个月后带学生到全省的创新教育现场会上展示学生的朗读水平，我听后真感到头痛。尽管我的学生的朗读水平比同龄学生高一些，但他们还有许多常用字不认识，读儿童故事还可以，读其他材料我心里没底，而且其中朗读不流畅的学生为数不少。于是，我以"秋风扫落叶"的速度，带领学生一个星期读了10万字，用一个多月的时间把三、

四、五年级语文课本都"扫"了一遍。滕欣云校长安排我的二年级学生与高年级学生比赛读书。比赛过程中我发现二年级小孩子输在不懂哪些是一个词,把词读破了,使得句中停顿不对。于是我就把高年级课本中的词单独写出来让学生事先读一遍,结果我的小弟子们就转败为胜了,读得比高年级学生还要好。所以尽管语文教育界一直倡导"字不离词,词不离句",但有时"孤立"地读词也是一种学习语言的好办法。所以,我一直很喜欢和学生一起读《成语接龙》。很多时候,家长和老师不应该拘泥于流行的理念,有时,从自家孩子身上更能有新的发现。王生雨的妈妈跟我说:"对于有些词孩子读时感觉不明白意思,但读熟之后,再在某个故事中发现这个词,就能一下子大彻大悟,而且运用得很恰当。"王生雨妈妈的发现跟我的理念不谋而合,孩子阅读的关键在于读熟,读熟是基础。

关于"理解是本能"的论述,华南师大郭思乐教授在其文章《是教本能,还是依靠本能》中讲得深入浅出,非常透彻。现列举几段:

我们的教育教学可能在追逐着、热心着、集体无意识着,去教孩子们本能就可以知道的事物,踏破铁鞋,去寻觅得来全不费工夫的东西。我们对孩子们自己就学得会的东西,在他们生命中就蕴含的东西,偏要去教。

我们可以给人以文字符号的启蒙,从深的层次说,却不需要也不可能教人怎样阅读,教人写作,教人如何解释词语,教人悟到一个新的难题的解法,除非教他依葫芦画瓢,因为这些都是涉及本能的疆域。

孩子们对这些词语只使用而不解释,让他了然于胸,让他在不用的时候,由着本能把它放在什么地方——"千条线,万条线,落到河里都不见";如果要用,思如泉涌,感而悟之。

就像我们发现在我们所站的地方居然蕴含着丰饶的矿藏,我们所教的学科,居然都有学生的相关本能可以依托,我们依靠学习者的本能就已经可以过日子了,这当然是令人惊诧的。只要"无为"就足够了。当然,这种无为不是不要做什么,我们处在社会之中,需要为孩子们作出教育教学规划,要给予组织和帮助,"无为"是指对于人的生长机制的无为,即尊重、保护和依托。我们要最大限度地发挥对方的自主的活动可能性。

当时在淄博的一所学校看到此文时，我就向校长讨要了那本杂志，以此作为我奉行"读准是基础，理解是本能"的"理论根据"，也为让学生在课堂上学习一本又一本《成语接龙》，甚至学完一本《成语词典》找到了理论依据。

一、《成语词典》教学札记

◎ 先入为主 ◎

我很多的教学内容、方法都来源于自己的经验或教训。比如，我固执地认为，字音的教学应该是小学语文的重点，而词的意思是可以在课外阅读中无师自通的。这是从我个人的教训中得来的理念。学生时代的我虽然家境贫寒，但由于哥哥比我大十多岁，我是家里唯一的小孩子，所以长辈对我比较娇惯，经常给点儿零花钱，那些钱我都用来买了书，于是读了很多小说。当时的我对词义能理解，但字音常常是错的，当了老师后我整天查字典纠正，但付出百倍的力气也收不到一倍的效果，有些字音顽固得纠正不过来。《新华字典》我读过三次，成语词典读过两本，书橱里有个旧本子，上面记录着我容易读错的字词，隔段时间我就拿出来读一读，但我很失望地看到，年少时读错的那个字在我的脑中已深深地扎了根，几乎没有纠正过来的可能。教训深刻，而且不是我一个人的教训，很多人的床头柜上都放着几本或专业或休闲的书，但很少有人放一本字典，遇到不会读的字往往就跳过，因为这几乎不影响对文章意思的理解。因为随时查字典很难成为习惯，所以不要让孩子们重蹈覆辙的愿望一直在我的心底深处盘旋。

暑假时新华书店卖打折书，我看到一本十年前出版的《成语词典》只要三块多钱一本，就买下了60本。虽然是旧书，但商务印书馆的辞书无论装订质量还是内容都是一流的，我对照新版的《成语词典》《现代汉语词典》《新华字典》，只从中查出一两个错误。孩子们读完这本词典，正确的读音在他们脑中"先入为主",这也许对提高孩子们当下的考试成绩没有多大作用,但对未来的高考,尤其是对他们一生的口头表达,都会产生事半功倍的影响。

◎ **方法简单** ◎

成年人和孩子有很多不同点,也有很多相同点。作为老师的我读词典是自觉认真的行为,绝不会像小孩子一样被动应付,但我独立阅读时也会有习焉不察的错误,所以我期盼教学生读词典,这里面包藏着"教学相长"的"私心"——当我念到自己察觉不到的错误时,学生会给我纠正;那些我读不扎实的词在检查学生的过程中一遍遍得到强化;在听学生读的过程中我会发现一些自己读错的字。

当教师的行为只有"教"没有"学"的时候,课堂会成为一潭死水,教师的"学"在很大程度上比"教"更重要,因为会"学"的老师是在水里游泳的"教练",而不是只会在岸上讲道理的"叫练"。我读词典的方法如果能成为学生的自觉行为,那读完这本4000多个词条的《成语词典》绝对不是一件难的事情。我读过两本成语词典,一本是收入4500个成语的《小学生成语大全》。暑假的时候我每天早饭前到河边散步的1个多小时,边走边看,有时在寂静的地方坐着看,看了一个多星期,总计大约10个小时。第二本读的就是学生手中的这本《成语词典》。在医院陪母亲的一个星期天,刚好没有亲戚来访,一个上午,加半个下午,大约6个小时我读完了这本词典。阅读方法很简单:第一遍速读,那些很熟的一眼扫过,不熟的多读两遍,读错的、生疏的用铅笔画上线,画线的反复读。再读这本词典时,每次都从第一页读起,第一遍读对的地方不用再读,只读那些画线的,对读错了的再做醒目的标记,并抄写在本子上,注上音,天天读。本子左边写词,右边写拼音,用手一掩拼音,自测很方便。

但学生似乎很难有这样的自觉,于是我提醒:"这个词容易读错,我要考的,画上线。这个词韩老师也记不住,没事的时候多考考我,考住老师有奖。遇到不会的在认读材料(打印的没有注音的成语)上注音,在本子上写下注音,注音的词如果忘记怎么读,老师可以适当原谅几次……"这是为了促使学生像我一样采用简单却有效的学习方法。

◎ 同伴学习 ◎

6个小时读会4000多个成语靠的就是这个最简单的方法,我知道学生不会像老师这样自觉,就请宇虹的妈妈把这些成语全部输入到电脑里(制作认读材料),我把认读材料发给家长,方便学生注音。如果学生自觉,光靠一本字典也能学得很扎实,不用印认读材料。有的学生已经体会到了自觉学习的快乐,比如常博宇,他除了自学,还知道和同学一起读,一起读容易发现自己易读错的字,于是博宇、学博"强强联合",坐在了一起。他们就在第一排,在我的眼皮底下,一会儿齐读,一会儿对照拼音互相纠正,那声音如同天籁,两个小脑袋挤在一起的样子使我沉醉。他们自己读会了,稳居"强者"地位时还主动听学困生读,多几个这样的学生,老师该多幸福!贺文迪的小组也是如此,力争上游,其乐无穷。

学困生之所以读得困难,是因为他们尚且处于等待"喂养"的阶段,没有"自主觅食"的意识,没有耐力对着词典的拼音一个成语一个成语地读。我曾叫三个读得最慢的学生在我身边念,三个人经常念错,我一次又一次地纠正,他们根本没有画上线并在认读材料上注音的想法,不呵斥几句,他们根本不拿我说了不下十遍的学习方法当回事。纠正了几个习焉不察的错误后,他们终于知道看看拼音了。不时还听到三个人争论的声音:"你念错了,打开词典看看拼音。"我倡导那些"先行一步"的孩子在当"小老师"的时候时常记得"打开词典看看拼音",那是对别人负责、对自己负责的态度,有了这样的态度,"小老师"才能在教别人的同时学得更扎实,才能摒弃"好为人师"的浮躁之气,才会成为"不耻下问"的践行者。

为了形成与同伴一起学习的风气,我除了奖励个人外,还奖励小组。速度最快的博宇小组四个人团结一致,在全班集体教学结束之前全组都通过了检查。每个成员都得到30分奖励,博宇得到60分奖励。当组长的,不论是奖还是罚,都是双倍。当小组其他三个成员都过关时,这三个催、教剩下的那个，他早晚会急的。当然也会出现个别太差的，那只有交给家长了，如果家长没有时间、没有能力教，就让学生在家完成课堂书面作业（固定的"看拼音写汉字"）；老师再利用在校时间，用小奖状奖励"小老师"和他一起读。与同伴一起学习的力量如星星之火，很快形成燎原之势，"一帮一，一对红"的教学理念真是正确无比。

◎ **还原生活** ◎

老师对成语的解释注重"还原生活"，不倡导学生读成语的解释（字小伤眼，内容也乏味），但要反复读那些自己都不熟悉的成语解释，这样才能给学生深入浅出地解释成语。

我尝试过很多教法，最后的教学流程如下：先齐读一页，学生读哪个成语时声音小了、错了、慢了，我立即拿铅笔画线。然后强调成语中的哪个字是多音字，容易读错；哪个成语韩老师也是刚刚学会的，一定要考考同学们……对这些强调的成语领读三遍。对多音字，可以建议学生伸出手来比画声调，读二声时手挑上去，读四声时手劈下来……课堂上基本以学生读为主，为了集中学生的注意力，我要求他们用手指着成语，让他们时时有事做，除了少数几个常常走神的学生外，大部分精力都比较集中。

为了调节一下课堂气氛，更为了解释一些难度大的成语，我喜欢"举例说明"——经常通过还原学生的生活来达到使学生理解成语的目的。比如把同桌两个学生的头轻轻往中间一推，解释了"耳鬓厮磨"；扯一根自己的长头发往"亲密无间"的学生中间一放，解释了"间不容发"，并指出"间"是一声，"发"是四声；学"功亏一篑"时，以雨婷的妈妈为主人公编了一个故事："雨婷的妈妈在家织毛衣，差一针就织好了，心怡的妈妈喊她逛商店。小猫在家玩起了毛线，等雨婷的妈妈回家时，差一针就织好的毛衣全成乱七八糟的毛线了。妈妈生气，雨婷说了一个成语告诉妈妈要怪就怪自己，不能怪小猫。这个成语是什么？"

课堂上倡导学生"接话茬儿"——说出与所学成语意思相同或相近的语言。这个过程对有些孩子来说其乐无穷，可以显示自己的"能耐"，老师也会偶尔发个小奖烘托一下气氛。

◎ 现场奖惩 ◎

语文课上竟然读词典，这似乎是"脱离语言环境孤立地学词"，一定很乏味吧？但是第一天，我和学生读得不亦乐乎。照例是一个接一个"开火车"读，机会均等，不偏爱任何一个。学生读错的词，老师领读三遍；老师认为应该重点强调的词也读三遍。声音大、读得准确的小组当场领奖，小组成员格外高兴，读得不好的学生觉得灰头土脸。虽然有人欢喜有人忧，但不可预知、现场奖惩的特点让学生对结果充满期待。前两个星期不断地变换教法，后来确定为先齐读再重点读，但"现场奖惩"保留了下来。先齐读再重点读，吃的是"大锅饭"，老师只能整体了解全班学生对知识的掌握程度，却分不清哪个孩子读得怎么样。于是每学完100页，就用多媒体读"易错词"，屏幕上出示八个词，同桌两人或小组四人一起读，互相纠正，然后老师指定任意一个小组成员读。上这样的课没有一个学生敢走神，他们都知道，万一走神，就可能被老师当场抓住。那些现场教一遍两遍还学不会的学生这时候急得冒汗了，"为时已晚"的感受不知道要经历多少次，才能未雨绸缪。

世上的懒人并不是不明白"成功只眷顾有准备的人"，而是他们宁可忍受手忙脚乱的难堪，也不愿早出点儿力气做准备。期盼"懒孩子"们早日走出这种得过且过的状态，家长、老师、同学要帮他们一把，让他们体验成功的快乐。"失败是成功之母"对那些有过成功体验的人来说是金玉良言，但对失败多次的人来说，他们更需要成功。成功的感觉、当好孩子的感觉总是快乐的愉悦的。"成功是成功之母"，每个孩子都体验成功，是"懒孩子"变"勤孩子"的不二法门。

◎ 同步诵读 ◎

"懒"变"勤"的过程充满汗水，并不是教导几句就能见效的。关键在于每一天的同步诵读。平日不及时复习，到必须过关检查时攒在一起诵读，在孩子心里会形成一种沉重的心理负担，而且学得不扎实。上学两年了，有的孩子不再需要"一对一"的辅导，当家长的只要适当关注就可以了。有的孩子还是得过且过的"寒号鸟"，如果家长也放手让他们自学，那就可能前功尽弃。

"背词典是博宇最喜欢的事，每早起床后自己主动到阳台上背，还时常拿一些难读的考我，我要是不会，'请教'他时，他特别得意。"

博宇妈妈的智慧、博宇对学习的热爱尽在这句话中。其实博宇的出色表现也是同步诵读的结果。

在检查《成语词典》前100页的过程中，艺馨给我的印象很深刻。这个好动的孩子读得特别扎实，不但早早地通过了检查，而且一字不错。这都是同步诵读的结果，同步诵读、多次诵读是十分有效的学习方法。同步诵读一旦成为孩子的自学行为，他的学习成绩会突飞猛进。

除了让学生和家长明确进度，做到同步诵读，还要制订星级目标，让学生在学习词典的过程中人人能达标，人人有事做，没有一个闲人。

一星级目标★：把读错、生疏的词在词典上画出来，写在本子上并注音或在认读材料上注音，能看着拼音读。

二星级目标★★：看着认读材料（打印出来的没有注音的成语）能读准。

三星级目标★★★：盖住后两个字能读出整个成语。

四星级目标★★★★：盖住前两个字能读出整个成语。

五星级目标★★★★★：盖住后三个字能读出整个成语。

看到这样一级一级像台阶一样的目标，"懒孩子"们也豪气冲天，纷纷表示争取通过三星级目标。孩子心中有一股向上的劲头儿，学习起来就事半功倍。

◎ **在比较中掌握成语** ◎

在教学《成语词典》过程中，用一个多月的时间读熟4000多个成语，对老师来讲不是难事，因为大部分成语是以前很熟悉的。然而尽管熟悉，我仍然从中学习了不少知识，收获最大的是在比较中理解了很多字或成语的意思。为什么我的学生到中学后觉得"语文太简单，老师细细地讲解有点儿烦人"？原因可能是"见多识广"的"比较猜词义法"比常规的背诵词义效果更扎实、持久。比如：

"吐刚茹柔"的"茹"和"茹毛饮血"的"茹"一比较，就容易联想到前者可能也是"吃"的意思，"吐出硬的，吃下软的"，那么"吐刚茹柔"是欺软怕硬的意思就能理解了。

"日薄西山"的"薄"是什么意思，我一直不知道。读《成语词典》时，不到一分钟的时间内我就读到"日薄云天"和"日薄西山"两个词，两者一比较，我牢牢地记住了"薄"的意思是"接近"。

学到"外顺内悖"时，我照例问学生"悖"以前在哪个词中学过，学生想到"并行不悖"，两者一比较，学生明白了"悖"是"违反"的意思，也就不会再读成"bó"。

在比较中，我和孩子们记住了"邂逅"的"逅"与"蓬头垢面"的"垢"字形不同。孩子们虽然还不能准确分辨，但知道了"辶"和"后"组成的"逅"字与"走路、相遇"有关，"土"和"后"组成的"垢"字与"土、肮脏"有关。老师只需特别提醒两者字音不同，分别读"hòu"与"gòu"。

"相忍为国"与"相机行事"的"相"分别读"xiāng"和"xiàng"，打开《新华字典》，很容易查出它们的意思分别为"互相"和"看"。《成语词典》上列着一串"相"的不同读音的成语，一声的有"相辅相成""相依为命"……四声的有"相见使舵""相机而动"……学生自然从这诸多的词语中掌握了"相"的不同的读音和字义。

"纤芥之疾"与"癣疥之疾"在《成语词典》中的位置相隔不远，不等我开口引导，习惯于进行比较的学生就主动分辨起它们的字形、字音、字义。我让一个纤瘦的小姑娘伸出手指，又让一个胖胖的孩子伸出手指，"纤纤玉指"中"纤"的意思就显现在学生的视野之中，不用讲解学生也明白了。芥菜的种子研成粉末就是我们吃的调料"芥末"，"芥末"的普通话发音与方言发音区别很大，学生听后做如梦初醒状。平日从来不争不抢的贺文迪张口就说"癣疥之疾"的"癣"是"牛皮癣"的"癣"。这样一联系、一比较，学生扎扎实实地记住了"纤芥"与"癣疥"的读音分别是"xiān jiè"和"xuǎn jiè"。有的学生忘记"纤芥之疾"的读音，我就伸出小手指；忘记"癣疥之疾"的读音，我就提示"牛皮癣"，学生很轻松地读准了这两个词。

"踌躇（chóu chú）不前"与"踟蹰（chí chú）不前"的字音、字形都有区别；"好高骛远"的"骛"与"趋之若鹜"的"鹜"，字音相同，字形略有区别，字义相差很大……类似这样的成语的细微异同之处，我做了20多年语文老师竟然一直没有弄清楚，如果不是和学生共读一本《成语词典》，我对这些知识或许终生稀里糊涂。"教学相长"是教师这个职业很有趣的特点。

这些知识，如果照常规教学的方式，对每一个词语都深钻细研，恐怕许多年也弄不明白。"不求甚解""鲸吞牛食"对成年人尚且有如此明显的效果，何况对正在日新月异成长的孩子。

二、诵读儿歌轻松掌握226个多音字

玄老师寄来了他的一本书，书中有200多首多音字儿歌，我一看，为我的六年级学生叫好，这么好的儿歌，我的学生怎么能不读呢？于是马上让美华输入电脑中，印发给我的六年级学生读，用一个多星期读完了这200多首儿歌，学生掌握了200多个多音字。学生得意扬扬，到处以考倒别人为乐事。冠伊跟我聊她考她妈妈的事，我说让你妈妈写写心得。说实话，冠伊考妈妈的很多读音，我也读不准，也要搬词典查。你说冠伊小朋友费了多少心思才编出这么难的考题，难倒了当过播音员的妈妈，也难倒了教了20多年语文的韩老师。

这是冠伊妈妈写给我的：

从我做起，学好多音字

朋友，当读书阅报时遇到不认识的字时，您会去查字典吗？我想您可能回答"会"，但当遇到您认为烂熟于心的字时，您还会去查字典吗？您

大概率要说："不会,认识的字谁还会去查字典哪!"那我可要告诉您了,往往以为认识的字还真就有可能读错了!

近期,冠伊总是抱着一本《多音字儿歌200首》在读。一天,吃午饭时,冠伊对我和她爸爸说:"我考考你们多音字吧?"冠伊爸爸爽快地说:"小菜一碟,没问题。"冠伊问:"妈妈经常买的'南方黑芝麻糊'怎么读?"冠伊爸爸说:"南方黑芝麻糊(hú)。"冠伊又说:"妈妈您说怎么读?您干过播音员,应该知道。"我回答:"就是黑芝麻糊(hú)呀。"冠伊说:"妈妈,如果您还干着播音员的话,念错一个字可要被扣钱了。应该念'南方黑芝麻糊(hù)'。"第一题考砸了。接着冠伊继续提问:"我们看的宫廷剧里的'太监'怎么读?"冠伊老爸抢先回答:"太监(tài jiān)。"冠伊又问妈妈:"您有不同意见吗?"我认真考虑了一会儿回答说:"'监'应该是轻声吧!"冠伊说:"妈妈,您又要被扣钱了。应该读监(jiàn)。"老天,接连回答错误,我这脸上真挂不住了。考试还在继续。"我们说的扎风筝的'扎'怎么读?"冠伊老爸胸有成竹地回答:"就是扎(zhā)风筝。"这个字我很有把握地回答:"应读(zā)。"因为以前在电视台担任播音员时常读到,我查过。总算回答对了一个。考试仍在继续,冠伊问:"'渔父和金鱼的故事'中的'父'怎么读?"冠伊老爸:"渔父(yú fù)。"冠伊又问我,我想了想回答:"渔父(yú fù)。"冠伊说:"再扣钱。应读(yú fǔ)。"老天,四个字才对一个,我在冠伊面前可真是颜面扫地。

饭后,考试又升级了。只见冠伊拿来一张纸,上面写着:

我经过时,他正在用抹子抹墙,抹下脸来不帮他干吧,又觉得抹不开,便拾起块抹布来边欣赏天边那一抹晚霞,边抹抹窗台,转弯抹角少干点儿。

要求把上段文字中的所有"抹"字注音。

真要命,九个"抹"字,要想都读对可不容易,与其让冠伊笑话,直接弃考吧。冠伊像念绕口令一样公布答案:

我经过时,他正在用抹(mǒ)子抹(mò)墙,抹(mā)下脸来不帮他干吧,又觉得抹(mò)不开,便拾起块抹(mā)布来边欣赏天边那一抹（mǒ）晚霞，边抹（mā）抹（mā）窗台，转弯抹（mò）角少干点儿。

接着冠伊又拿来一张纸：

天蒙蒙亮，那位蒙古族朋友就来告诉我，他被那个男人蒙骗，被蒙汗药弄蒙后蒙受了洗劫。

把文中所有的"蒙"字注音。

看着这题比上一题容易些，我硬着头皮答。冠伊纠正了一个错误，说其他的答对了。她读了一遍：

天蒙（mēng）蒙（mēng）亮，那位蒙（měng）古族朋友就来告诉我，他被那个男人蒙（mēng）骗，被蒙（méng）汗药弄蒙（mēng）后蒙（méng）受了洗劫。

总算还有对的！已经被冠伊考得汗流浃背了。接着又一张：

你别看他现在大大落落，想当初家贫时很是落魄，经常穿着落色衣服，哪会有心思听什么《莲花落》？现在跟他比起来，我们可是落下一大截了。

把文中的"落"注音。

看完后，我只对最后的"莲花落（lào）""落（là）下"有把握，其他都拿不准。哎！还是认输吧。想不到以前干播音员时一本字典不离手，今天却在多音字前错得一塌糊涂。

听听冠伊的答案：

你别看他现在大大落（luō）落（luō），想当初家贫时很是落（luò）魄，经常穿着落（lào）色衣服，哪会有心思听什么《莲花落（lào）》？现在跟他比起来，我们可是落（là）下一大截了。

您看这"糊、监、扎、父、抹、蒙、落"哪个不是烂熟于心的字，为什么就读错了呢？究其原因主要是我们对这些自认为认识的字不会去查字典，忽视了汉字在特定组合中的特殊发音。早就听说过学汉语的外国人被汉语中的多音字弄得晕头转向，看来，并非外国人被难倒，就连我们中国人也要认真对待才不会闹笑话。打开电视，荧屏上的"某牌黑芝麻糊（hú）"广告依然在热播，宫廷剧里的太监（tài jian）们依然在忙忙碌碌，多音字被读错还真是个普遍性问题。

作为中国人，我们学不好自己的母语，一张口，老是读错字，真是不应该！还等什么，赶紧恶补多音字吧。

《多音字儿歌200首》虽然是儿歌，但不倡导一年级学生读，应该把常见的读音在孩子头脑中打下牢固的基础后再学相对生僻的读音。我们北海学校二年级学这本书的班级最多，三、四、五年级都还有把这套书搬到课堂上集体共读的老师。三星标准分别是读儿歌、读词例、口述单元练习。

226个多音字，几乎囊括了日常能用到的多音字，数量足够多，其中的读音很多老师读不准。如：

叨

老猫设宴先叨叨，（dāo）
叨唠半天真可笑。（dāo）
笑得老高大声叫，
惊醒梦中小花猫。
小猫抱怨没睡好，
叨咕半天怨老高。（dáo）
老高听后才知晓，
发誓下次不叨扰。（tāo）

这首儿歌中的多音字，我在全国各地的讲座上共讲过数十次，能读准的老师很少。学生通过背诵200首儿歌，就能轻而易举地学会许多老师都读不准的多音字。小学二年级的孩子在背诵方面简直如天才一般，背过这200首儿歌，就为牢固掌握226个多音字打下了基础。然后再读词，读句子。

读准词语：

dāo　叨叨　叨唠

dáo　叨咕

tāo　叨扰　叨光　叨教

读准句子：

上了年纪的老人总是爱叨唠，叨咕起来没完没了，给别人造成好大的叨扰。

每首儿歌下面有"词例"，前面是音节，后面是组词，用手一盖音节，学生就可以自测，老师就可以检查，非常方便学习。五首儿歌后有一个单元练习，先是"读准词语"，就是把五首儿歌中的词语打乱顺序排列在一起让学生读。然后是"读准句子"，通过读句子，强化记忆五首儿歌中出现的多音字。

下面附上一篇《多音字儿歌200首》的教案。

《多音字儿歌200首》下册第28单元教案

（一）复习上节课学习的儿歌

（二）新授儿歌

一、抹

屎壳郎，忙又忙，
抹完桌子又抹墙。
抹完墙，叫小羊，
涂脂抹粉比漂亮。
比漂亮，比不上，
哭天抹泪怨老娘。
怨老娘，想算账，
拐弯抹角去草场。

1. 今天第一个来我们课堂做客的是一只——屎壳郎。

   自读，拿起铅笔画出儿歌中的"抹"字。

2. 领读（去拼音）："抹"有几种读音？领读词例。

3. 这只屎壳郎在忙什么？你喜欢屎壳郎吗？

4. 快快读。

二、哪

哪吒哪吒飞上天，
老鼠见了高声喊：
兔子们哪！快来看哪！
哪吒哪吒飞上了天。
飞上天空可不简单哪！
不管哪里都敢钻哪！
钻天入地斗坏蛋哪！
哪怕砍头也不眨眼哪！

1. 生字：哪
《西游记》中有一个古灵精怪的小孩，脚踩风火轮，手拿乾坤圈——读哪吒钻天入地的故事。
2. 小组读（去拼音）。
3. 从儿歌中你看到了一个怎样的哪吒？
4. 拍手读。
5. 生活实例：哪里来的哪吒？
6. 游戏：摘星星

三、难

小猫小狗斗狐仙，
大难临头去避难。
难兄难弟闯难关，
闯过难关进深山。
进了深山很困难，
克服困难把家安。
安家度日更艰难，
艰难也难不倒英雄汉。

1. 今天的第三首儿歌，同桌合作读读，看有哪些好玩的多音字。
2. 领读（去拼音）：你发现了"难"的哪几种读音？读词例。
3. 男女合作读。

四、宁

湖边很宁静，
宁静的湖边飞蜻蜓。
蜻蜓的生活很安宁，
安宁的生活引来鹰。
老鹰飞来逼蜻蜓，
逼着蜻蜓偷风铃。
蜻蜓坚决不答应，
宁死不屈顶老鹰：
我宁肯一辈子都受穷，
我宁可搭上一条命！

1. 领读：小猫小狗了不起，蜻蜓的故事也很惊心动魄，怎么回事？
2. "开火车"领读：你发现了"宁"的哪两种读音？读词例。
3. 男女擂台。
4. 你怎么评价蜻蜓？
5. 拍手读。
6. 游戏闯关①：狐狸跳台阶
   游戏闯关②：摘苹果读句子
   游戏闯关③：砸金蛋赢奖杯

总结：孩子们，这节课我们又认识了四个多音字，你们的表现精彩极了，相信你们在今后多音字儿歌的学习中会收获更多的欢声笑语！

（潍坊北海学校语文老师　臧运红）

三、诵读《中华成语千句文》积累成语了解历史

《中华成语千句文》是我最喜欢的集中积累语言的书，文字是押韵的，读起来朗朗上口，还能从中学习历史知识。我安排在三年级学习，因为需要边诵读边给学生解释文章的大体意思，低年级学生理解起来比较困难。

我们这样给学生编排阅读材料：

一、民族神话

鸿蒙未辟，宇宙洪荒。

亿万斯年，四极不张。

盘古开天，浊沉清扬。

天高地厚，乾坤朗朗。

日月经天，星宿列张。

江河行地，浩浩汤汤。

女娲补天，日月重光。

夸父逐日，血气贲张。

精卫填海，荡气回肠。

后羿射日，功德无量。

神话故事，意味深长。

民族精神，积厚流光。

（一）韵文诵读试一试

太古时代，天地尚未开辟，宇宙混沌一团。盘古一斧子把天地劈（pī）开，清而轻的元气上升形成天，重而浊的元气下沉形成地。天地广大，政治清明。

太阳月亮每天都行经天空，星宿像阵列一样在天幕张开。长江大河永远在陆地上流动，水势汹涌，广阔浩大。

女娲补天、夸父逐日、精卫填海、后羿射日等神话故事，寓意深远，耐人寻味，表现了我们祖先改造自然的坚强意志，体现了中华民族勤劳勇敢、积极乐观的民族精神，这是华夏子孙宝贵的精神财富。

（二）根据解释记成语

亿万斯年：形容无限长远的年代。

盘古开天：神话传说。表示人类起源的时期。

天高地厚：原形容天地的广大，后形容恩情极其深厚。也比喻事情的艰巨、严重，关系的重大。

日月经天：太阳月亮每天都行经天空。比喻光明正大，人所共见。

江河行地：江河在大地上流动。比喻事情明显，毋庸置疑，颠扑不破。

浩浩汤汤：水势汹涌、广阔浩大的样子。

…………

（三）词语注解

鸿蒙未辟：指宇宙形成之前的混沌状态。

宇宙洪荒：借指太古时代。

四极不张：天还没有四个顶点，天地尚未开辟。极，顶点、终点。

（四）成语运用猜一猜

1. 他们的光辉业绩如_____，似_____，令我们后代敬仰。

2. 从古至今，这断崖寂然壁立_____，只有他在这里感受到了诗意。

3. 世界的潮流_____，我们必须跟上它的步伐，才不至于落后，从而屹（yì）立于民族之林。

4. 人生在世，如_____，不可能直奔向前，直通大海，必然要弯弯曲曲，七拐八扭——依据地势形貌而行，方能通畅流动……

5. 等这一曲_____、气势恢宏的近千人大合唱结束，大家的情绪都被调动起来了。

…………

把整本书分成十几个部分，大约200个成语分为一部分，具体是200多个，还是不足200个，还要参考原书中的具体章节。学生找老师检查时最少检查一部分，一次让老师检查几部分的可以"赠"星。

首先要反复诵读原文，能正确诵读原文得一颗星；能看着每行开头两个字背诵全文得两颗星；"韵文诵读试一试"是看译文背原文，理解力弱的孩子宁可死记硬背，也不愿意根据译文背诵，所以能看译文背诵得三颗星；能"根据解释记成语"得一颗星，可以用书签把左边的成语挡住，看着意思说出成语，这也是对孩子阅读理解能力的训练，对二、三年级的孩子来说，有一定难度；能口述"成语运用猜一猜"得一颗星，对孩子来说，应用比解释容易得多。

这样，每学一部分成语，学生可以根据自己的能力分别挣1~8颗星。学完整本书，最少的可以挣到100多颗星，能力强、勤奋的孩子可以挣到几百颗星。上课时，再穿插竞赛和讲故事，全班绝大多数学生都会喜欢上这朗朗上口的韵文。

到了五年级学习《中华上下五千年》时，还要再把《中华成语千句文》复习一次，主要是背诵，并结合《中华上下五千年》的故事诵读。

下面是一堂公开课的教案，既讲解了字理知识，也解读了成语千句文的意思。这是2007级学生即将升三年级时讲的课，和我平日的课相比，显得花样多一些。但重视学以致用、重视诵读的特点还是和平日的课一样。我们每个老师都有或自愿或被迫盛装出场的时候。盛装出场时虽然打扮过了，但依然不失本真。

下面附上一篇《中华成语千句文》的教案。

《中华成语千句文》之"秦皇汉武"教案

【教学内容】

1.《中华成语千句文》第9课"秦皇汉武"前24个词：

秦皇嬴政，前无古人。席卷八荒，整顿乾坤。

中央集权，雷厉风行。设郡立县，同轨同文。

师心自用，独断专行。焚书坑儒，万马齐喑。

万里长城，蛟跃龙腾。气势磅礴，横亘古今。

佞臣赵高，利令智昏。巧言令色，借刀杀人。

指鹿为马，包藏祸心。生灵涂炭，民怨沸腾。

2. 现场互动，做"找朋友"的游戏，即听课的老师当场说成语、名言警句等，学生说出相关的词语。

【教学目标】

1. 当堂背诵24个词语。

2. 大致理解词义。

3. 把已学过的词语"归类"，力求牢固记忆、灵活运用。

【教学过程】

1. 解题

今天我们学习第9课"秦皇汉武"，读题目。"秦皇"指的是谁？"汉武"指的是谁？

第9课里的"秦皇汉武"讲的是秦、汉两个朝代的事情。

2. 简略解释词义

老师领读第一行（四个词），学生跟读；然后，教师解释字理，领读易错、难懂的词，学生跟读三遍。

（1）先说秦始皇，他为什么能够留名青史？他做的最大的、最有名的事情是什么？

领读第一行：秦皇嬴政，前无古人。席卷八荒，整顿乾坤。

"嬴"是生字，"秦皇嬴政"读三遍。

（出示彩色生字卡片，"乾"字中的"日"涂成红色）"日"头挂在哪里？天上。"乾"的意思是"天"。

（出示彩色生字卡片，"坤"字中的"土"字旁涂成土黄色）有"土"的地方在哪里？"坤"就是"地"的意思，"乾坤"是"天地"的意思。"整顿乾坤"读三遍。

（2）秦始皇废除分封制，建立郡县制，就像现在有省，省下再分市一样。看第二行，领读：中央集权，雷厉风行。设郡立县，同轨同文。

秦始皇把诸子百家的书烧了，把敢说话的读书人活埋了，哪个词说的是这个意思？"焚书坑儒"读三遍。

哪个词说秦始皇统一了道路的宽度和文字。"同轨同文"读三遍。

（3）秦始皇专横，读第三行：师心自用，独断专行。焚书坑儒，万马齐喑。

以自己的心为师，也就是把自己当成全天下的老师，哪个词说的是这个意思？"师心自用"读三遍。

（出示彩色生字卡片："喑"涂成嘴唇一样的红色）"喑"就是"口"发不出"音"来，嗓子哑了。连马都不敢叫了，人都不敢说话了，讲的是哪个词？"万马齐喑"读三遍。

（4）秦始皇还做了一件事，就是修长城，看第四行，领读：万里长城，蛟跃龙腾。气势磅礴，横亘古今。

修长城加重了百姓的负担，但是也留下一个非常壮观的工程。哪个词说长城的样子就像一条蛟龙在奔腾跳跃一样。"蛟跃龙腾"读三遍。

（出示彩色生字卡片，"磅礴"中的"石"字旁涂成石头的颜色）我们到长城游览时，感觉长城的气势非常宏大。"磅"还读什么？还读表示英美制质量或重量单位的"磅"（bàng）。读"páng"的时候，可以理解成一块大"石"头，从山崖"旁"边落下来，劲头儿好大，把"薄"的东西砸得稀巴烂。"气势磅礴"读三遍。

（出示彩色生字卡片，"亘"字上面的"一"涂成天蓝色，中间的"日"涂成红色，下面的"一"涂成土黄色）这三个部件分别是什么意思？"亘"的意思是像天空、太阳、地面一样。它们共同的特点是什么？永恒存在，延续不断。"横亘古今"读三遍。

（5）秦始皇很伟大，但秦朝只存在了十几年便灭亡，因为秦始皇不听百姓的声音，宠信奸佞小人。看下面两行如何写佞臣赵高的。

领读第五行：佞臣赵高，利令智昏。巧言令色，借刀杀人。

（出示彩色生字卡片，"佞"中的"仁"和"女"分别涂成不同颜色）用花言巧语谄媚"女"人的做法是不是不"仁"义？"佞"的意思是"巧言谄媚"。佞臣赵高"读三遍。

（6）领读第六行：指鹿为马，包藏祸心。生灵涂炭，民怨沸腾。

赵高为了试探哪些朝臣敢反对他，把一头鹿说成马，这是什么故事？"指鹿为马"读三遍。秦始皇、秦二世听佞臣赵高的话，使老百姓像生活在烂泥和火坑中一样，极端困苦，哪个词说的是这个意思？"生灵涂炭"读三遍。

3. 分组诵读

（1）大组顶针读。

如一组读"秦皇嬴政、前无古人"，二组读"前无古人、席卷八荒"，三组读"席卷八荒、整顿乾坤"……

（2）男女接力慢读，男女接力快读。

4. 背诵

屏幕上分别出示原文的前两个字、后两个字、前一个字和前四个字，学生看提示先自己背诵，再"开火车"背诵。

如：

秦皇_____，前无_____。席卷_____，整顿_____。……
_____嬴政，_____古人。_____八荒，_____乾坤。……
秦_____，前_____。席_____，整_____。……
秦皇嬴政，_____。_____，_____。……

5. 评价秦始皇

如果我们能穿越时间隧道见到秦始皇的话，你想告诉他什么？

（1）统一中国

秦始皇统一中国的确很了不起，在他统一中国之前，中原大地已经混战了几百年。第5课"五霸七雄"是怎么说的？

东周王权，有名无实。礼崩乐坏，鞭长莫及。五霸七雄，各行其是。

喧宾夺主，比权量力。厉兵秣马，攻城略地。远交近攻，弱肉强食。

（2）在秦始皇之前的夏、商、周都是采用分封制来巩固中央集权，比如分封立了大功的姜太公。第4课"文武之道"是怎么说姜太公的？

太公钓鱼，相机待时。老而弥坚，择主而事。飞熊入梦，左辅右弼。明君贤相，匡国济时。

姜太公被分封在齐国。他的后代齐桓公拉开了诸侯争霸的序幕。

分封制的确是造成王朝动乱的一个原因。秦始皇之后的皇帝，有的也缺乏他这样的远见卓识，比如后来明朝就有一个亲王夺取皇位的例子，记得《三字经》上是怎么说这件事的吗？

太祖兴，国大明。号洪武，都金陵。迨成祖，迁燕京。十六世，至崇祯。

燕王朱棣夺了他侄子朱允炆的皇位，成了明成祖。

（3）残暴独断

秦始皇实行郡县制，眼光非常长远，所以说他"前无古人"。但秦朝很快就灭亡，回忆一下前面的夏、商、周分别存在了多少年。《三字经》上学过。

夏传子，家天下，四百载，迁夏社。汤伐夏，国号商，六百载，至纣亡。周武王，始诛纣，八百载，最长久。

秦朝为什么这么快灭亡？

"防民之口，甚于防川"，可见执政者独断专行的结果很可怕。比较一下，在秦朝建立之前，人们有言论自由吗？《中华成语千句文》的第6课"百家争鸣"：

诸子百家，应运而生。百花竞放，百家争鸣。各抒己见，异彩纷呈。畅所欲言，众说纷纭。

6. 根据意思猜成语

屏幕上先出现词语意思，学生猜测讨论之后出现词语答案，齐读答案。

_____：像卷席一样把天下一切都卷进去。指吞并中国各地。

（席卷八荒）

_____：自己不出面，利用别人去害人。　　（借刀杀人）

_____：固执己见，自以为是。　　　　　　（师心自用）

_____：因贪图私利而使头脑发昏，丧失理智。

（利令智昏）

_____：比喻有意颠倒黑白，混淆是非。　　（指鹿为马）

_____：怀着作恶的念头。　　　　　　　　（包藏祸心）

_____：行事专断，不考虑别人的意见。　　（独断专行）

_____：形容执行政策法令等严格而迅速。　（雷厉风行）

_____：人民群众怨恨和反抗的情绪达到顶点。（民怨沸腾）

_____：从来没有人做过的，空前的。　　　（前无古人）

_____：花言巧语，一副伪善的样子。　　　（巧言令色）

_____：百姓像掉进了烂泥和炭火中一样。形容百姓处于极端困难痛苦的境地。　　　　　　　　　　　（生灵涂炭）

_____：形容民众沉默不敢讲话，也比喻沉闷的局面。

（万马齐喑）

7. 成语运用猜一猜

（1）秦始皇的_____之举造成了那一时期中国文化万马齐喑的沉闷局面。（焚书坑儒）

（2）新上任的市长办事_____，很快就把积累多年的事情处理清楚了。（雷厉风行）

（3）他回忆自己一生为了_____，呕尽一腔热血，感到无愧于祖国母亲的养育之恩。（整顿乾坤）

（4）这条几乎_____的道路要想走通绝不是一件容易的事。（前无古人）

（5）公元208年，曹操率大军以_____之势南下，结果在赤壁被

孙刘联军打得大败而归。（席卷八荒）

（6）从善如流容易成功，_____容易失败。（师心自用）

（7）在当今的法治社会里，如果还有_____这样的故事重演，将是一件很悲哀的事情。（指鹿为马）

（8）他平时不讲民主，做事情常常是_____。（独断专行）

（9）贪官_____，为个人升官发财而牺牲民众的利益。（利令智昏）

（10）他是一个_____的小人，阿谀奉承、挑拨离间是他的拿手好戏。（巧言令色）

（11）清朝统治者为了巩固统治，大兴"文字狱"，一时间出现了_____的局面。（万马齐喑）

（12）走到壶口瀑布边，看到_____的黄河水飞泻而下。（气势磅礴）

（13）万里长城这一_____的千年屏障凝结着中国古代劳动人民的血汗和智慧。（横亘古今）

（14）统治者任意欺压百姓，使得_____，人民纷纷起来反抗。（民怨沸腾）

（15）这个家伙非常卑鄙，就爱使用挑拨是非、_____的手段。（借刀杀人）

（16）你一个人出门在外，与人相处要多留一个心眼，谨防那些_____的人。（包藏祸心）

（17）赵高采用_____的办法来试探群臣，达到铲除异己的目的。（指鹿为马）

（18）那时候，军阀（fá）连年混战，国家内忧外患，_____，物产尽毁，令人不堪回首。（生灵涂炭）

第六章

白话文言同步推进

小学生如何轻松学习文言文？小学阶段把大量的时间用于文言文的教学，学生阅读白话文的能力如何提高？

1

趣味盎然学古诗

一、古诗集体预习没有预设也精彩

这个星期有三节学习古诗的课，学习的是区教研室发的20首古诗。

因为种种原因，老师和学生都没有做好准备。上第一节课时，大部分学生还没有把古诗打印出来，我也担心自己读得不够熟练，所以让提前背过的宋佳怡上台领读，效果蛮好。佳怡小朋友先念题目和作者，全班学生跟读三遍；再念诗句，全班学生再跟读三遍。老师呢，转来转去，看哪个小朋友的嘴巴没张开，或口形不对，立即把耳朵靠近他的嘴巴。在老师的"火眼金睛"下，没有一个小朋友捣蛋、走神。读完之后，老师再把易错的字强调一番，让学生跟读三遍，最后问个简单的问题帮助学生理解。语文课上应该让孩子反反复复朗读，他们有事可做就不会感到累；相反，长时间地听讲对学生来说才是劳累的根源，不论是老师讲还是学生讲，即使讲得天花乱坠，也只会是事倍功半。靠听是学不好语文的，语文课上，应该拿出大量的时间让孩子大声去读，然后略作讲解、讨论。这样既可以让学生的嘴巴略作休息，也可以让孩子了解大意，增加课堂趣味。以下是我常用的几种指导学生理解的方法：

（一）归类诵读

春　雪

唐·韩愈（yù）

新年都未有芳华，二月初惊见草芽。

白雪却嫌春色晚，故穿庭树作飞花。

读后问学生："韩愈写的是什么季节的景色？"学生东一句西一句地凑明白了："写的是早春季节""新年过后""草芽刚刚冒出来的时候""雪花还在飘飞的时候"。

不等老师开口，孩子们就知道我会问什么，主动归类诵读：

"'《早春呈水部张十八员外》（唐·韩愈）：天街小雨润如酥，草色遥看近却无。最是一年春好处，绝胜烟柳满皇都。'这首诗也是写早春景色。"

"我们以前也学过韩愈的诗……写早春时节的诗还有……写晚春时节的诗有……"

山中问答

唐·李白

问余何意栖（qī）碧山，笑而不答心自闲。

桃花流水窅（yǎo）然去，别有天地非人间。

"诗仙李白喜欢隐居生活，还有谁也喜欢？"

"王维！"孩子们略一思考就叫起来，刚叫完马上跟着背诵，"《山中》（唐·王维）：荆（jīng）溪白石出，天寒红叶稀。山路元无雨，空翠湿人衣。"

"苏轼也很喜欢隐居生活，有一首词写他羡慕王维的生活，是哪首？"

"《青玉案》（宋·苏轼）：辋（wǎng）川图上看春暮，常记高人右丞句。作个归期天定许。春衫犹是，小蛮针线，曾湿西湖雨。"

（二）学以致用

问刘十九

唐·白居易

绿蚁新醅（pēi）酒，红泥小火炉。

晚来天欲雪，能饮一杯无？

我从艺璇桌上拿了一个水杯，举到她同桌孙陶面前说："艺璇准备了新酿的米酒，把小火炉烧得殷红。天快黑了，大雪要来了，孙陶同学，愿意来喝一杯吗?"孙陶嘻嘻笑着,我又把杯子举到家铭面前作起诗来:"家铭,'绿蚁新醅酒,红泥小火炉。晚来天欲雪,能饮一杯无?'"聪明活泼的弟子们也把杯子举到同学面前作起了诗:"××,'绿蚁新醅酒,红泥小火炉。晚来天欲雪,能饮一杯无?'"

(三)比较辨别

1. 前段时间,我和学生用了三节课专门了解苏轼生平,孩子们对苏轼仕途中遇到的一些重要人物已有所了解。在学习这20首古诗的过程中,我又引导学生联系起来进行比较。

"苏轼为什么一再遭贬,以致病死途中?"

"因为无论是以王安石为首的新党,还是以司马光为首的旧党,苏轼对他们的一些不合理的做法都反对。"

"王安石很固执,人称'拗相公'。他当姥爷时,在外孙面前拗不拗?"

"不拗!而且很宠孩子,要梨给梨,要栗给栗……"接下来是争先恐后地背诵:

赠外孙

宋·王安石

南山新长凤凰雏,眉目分明画不如。

年小从他爱梨栗,长成须读五车书。

2. 儒家十分讲究礼仪,孔子就曾责骂上课睡觉的学生是"朽木"和"粪土之墙";到了宋朝,这种情况更是变本加厉。宋朝的理学家们往往一本正经、严肃刻板。但刻板的理学家们也有贪玩的时候,你看程颢在大好春光中不好好读书,而是玩去了:

春日偶成

宋·程颢

云淡风轻近午天,傍花随柳过前川。

时人不识余心乐,将谓偷闲学少年。

3.这20首诗中哪两首诗有特殊的含义？

过华清宫绝句（其一）

唐·杜牧

长安回望绣成堆，山顶千门次第开。

一骑（qí）红尘妃子笑，无人知是荔（lì）枝来。

华清宫的门一扇接一扇地被打开，骑兵们飞奔而来。他们这样劳师动众、劳民伤财不是为了传递紧急公文，而是为了让杨贵妃吃到新鲜的荔枝。"无人知是荔枝来"暗含了讽刺的意思。还有一首诗也存在言外之意，是哪首？

玄都观（guàn）桃花

唐·刘禹锡

紫陌红尘拂面来，无人不道看花回。

玄都观里桃千树，尽是刘郎去后栽。

作者把玄都观里的千棵桃树比作朝廷中的新贵，大家争相奉迎。

（四）不求甚解

前两节课上，佳怡领读了三遍这20首古诗，老师对不易理解的地方进行了简单的讲解，对易读错的诗句反复领读，保证了每个学生都能读正确，读流利。第三节课学生根据老师的提问诵读。

"放爆竹、喝屠苏、换桃符，这都是古人过春节的习俗。"

学生有的背诵，有的翻页寻找，教室里"蛙声一片"。

元 日

宋·王安石

爆竹声中一岁除，春风送暖入屠（tú）苏。

千门万户曈（tóng）曈日，总把新桃换旧符。

哪首诗写轻松畅快、心旷神怡的旅途？

襄邑（xiāng yì）道中

宋·陈与义

飞花两岸照船红，百里榆（yú）堤（dī）半日风。

卧看满天云不动，不知云与我俱东。

两岸飞花，满堤榆树，一片轻帆，顺风百里，多开心！

哪首诗写宫女孤独无聊的宫廷生活？

秋 夕

唐·杜牧

银烛秋光冷画屏，轻罗小扇扑流萤。

天阶夜色凉如水，坐看牵牛织女星。

老师提问、学生背诵这种形式同样适用于同桌之间，老师可以评选出"优秀问答同桌"。这样加大了训练的密度，三节课后有30多个学生背过，再加上两节自习课，除个别学生外，大部分学生都能看着译文背诵了。

这三节课师生都感觉很轻松，效率也挺高。可以说是"没有预设的精彩"，原因是我们的教学和学法都已形成了规律，操作起来熟门熟路。

二、古诗学习："胡乱理解"是妙招

办公室的门被推开了，几个月没有见到的那个熟悉的场景出现在我眼前：武老师走进来，与我热烈拥抱。之后是激动万分的谈话，谈话的主题自然是她的女儿、我的弟子馨婕。假期中我和田老师分别带着女儿一起去上海世博会游玩，途中不断地收到同事人事变动的消息。刚回到家就接到武老师电话，她说要去新建的实验学校工作，馨婕担心妈妈会让她转学正急得哭呢。我说："你到哪里都行，只要不带走我徒弟就行。"武老师说当然不会舍弃让孩子受益终生的"课内海量阅读"。馨婕妈妈的话使我的心情像照在花瓣上的温柔晨光，明亮起来，充满着细碎、跳跃的喜悦。

这学期，武老师在新建学校忙于工作，没有时间管孩子，全靠馨婕自学。昨天晚上，馨婕被爸爸强行带到饭店后埋怨不止，回家后一定要背过40首古诗才睡。尽管夜已深，但小姑娘有妙招：在"胡乱理解"的基础上背诵速度很快。"胡乱理解"是我教学古诗的"怪招"之一。

古诗教学的首要任务是让学生读得字正腔圆。所以，我首先安排了几节课集体预习，并且预习了两遍。第一遍"开火车"读，学生按座次一人念一首诗,其他同学跟着齐读两遍。学生念错的地方,老师领读三遍。每读完一首,老师加几句话吊吊学生胃口,比如读完《江南逢李龟年》时说:"杜甫在江南遇到李龟年后为什么百感交集?自己到'相关链接'中看。"这样,我用了整整三节课集体预习完这20首古诗,但还是担心有的学生读得不准确,又用一节课第二次"开火车"读。这次速度快,全体同学齐读题目、作者,按座次一人读一句,半节课就读完了20首古诗。这两遍都是"开火车"读与齐读相间,这是我的教学常规,课上常常书声琅琅,"听、读、看"间隔进行,嘴、眼、耳协调活动。课堂纪律不是靠老师讲道理来维持,而是让学生时时有事情做,不给他捣蛋的机会。

正式的唐诗教学分三个环节:第一,依纲据本理解诗意;第二,扩充归类;第三,根据译文背诵。

(一)依纲据本理解诗意

这节课学习第五至第十首诗,写旅途寂寞的是哪首?学生迅速找到:

题金陵渡

唐·张祜

金陵津渡小山楼,一宿行人自可愁。

潮落夜江斜月里,两三星火是瓜洲。

从哪里看出作者"孤单凄凉"的感受?几年的潜移默化,学生早已学会了老师倡导的"胡乱理解",学生一时想不到如何"胡乱理解",老师率先"胡乱理解":

"金陵津渡小山楼",这地方挺偏僻的。

"一宿行人自可愁",一个人睡当然愁了,如果妈妈搂着就不愁了,如果刘星辰、张学博几个又打又闹又说笑也就不愁了。

睡不着觉,想家想得失眠了,当然愁了。"潮落夜江斜月里",潮涨潮落、月亮西斜的过程张祜都看得很清楚,可见他愁思够深的了。

往周围看看,只看到"两三星火是瓜洲",太寂静了,当然愁了。到上海世博会上,人挤人就不愁了。

再举一例：

桃花溪

唐·张旭

隐隐飞桥隔野烟，石矶西畔问渔船。

桃花尽日随流水，洞在清溪何处边？

从诗中哪里看得出诗人陶醉的心情？

"隐隐飞桥隔野烟"，那桥是海市蜃楼啊！云遮雾罩的像电视剧《西游记》中的仙境一般。那飞桥的形状一定像彩虹！

"'桃花尽日随流水'，我想跳下去洗桃花浴！""小科学家"丁乐腾叫道。

"洞在清溪何处边？"沿着溪水走，一定能找到山洞，这个山洞一定隐藏在茂密的青枝绿叶中，很难找。如果找到了钻进去，就能看到桃花林了！

（二）扩充归类

扩充归类就是联系以前学过的诗，从诗的作者和内容等方面进行扩充归类。这是我的惯用教法，已经成为部分学生的思维常态。

比如：

春 草

唐·唐彦谦

天北天南绕路边，托根无处不延绵。

萋萋总是无情物，吹绿东风又一年。

还有哪首古诗说草是"萋萋无情物"的？于是学生背诵：

草

唐·白居易

离离原上草，一岁一枯荣。野火烧不尽，春风吹又生。

远芳侵古道，晴翠接荒城。又送王孙去，萋萋满别情。

蝶恋花

宋·苏轼

花褪残红青杏小。燕子飞时，绿水人家绕。枝上柳绵吹又少，天涯何处无芳草！

墙里秋千墙外道。墙外行人，墙里佳人笑。笑渐不闻声渐悄，多情却被无情恼。

草绿了、花开了都让人感到时间过得真快，催人想家。还有什么诗也写这样的情感？

绝　句

唐·杜甫

江碧鸟逾白，山青花欲燃。

今春看又过，何日是归年？

再比如《金陵图》：

金陵图

唐·韦庄

江雨霏霏江草齐，六朝如梦鸟空啼。

无情最是台城柳，依旧烟笼十里堤。

金陵是现在的什么地方？——南京。

南京是六朝古都，东晋时叫建康，我的学生们在三年级读过四本《成语故事》，东晋的人和事他们知道一些，王导、王羲之、谢安、谢道韫、淝水之战等都略知一二。

凭吊六朝古迹的古诗有哪些？

乌衣巷

唐·刘禹锡

朱雀桥边野草花，乌衣巷口夕阳斜。

旧时王谢堂前燕，飞入寻常百姓家。

石头城

唐·刘禹锡

山围故国周遭在，潮打空城寂寞回。

淮水东边旧时月，夜深还过女墙来。

对这三首诗进行粗略比较之后，老师又谈到这些诗充满对六朝兴亡和人事变迁的慨叹，悲凉之气笼罩全诗，都是触景生情，借景怀古，表达往事如梦，物是人非的感慨。还有哪些诗词也表达这样的情感呢？

念奴娇·赤壁怀古

宋·苏轼

　　大江东去，浪淘尽，千古风流人物。故垒西边，人道是，三国周郎赤壁。乱石穿空，惊涛拍岸，卷起千堆雪。江山如画，一时多少豪杰！

　　遥想公瑾当年，小乔初嫁了，雄姿英发，羽扇纶巾，谈笑间，樯橹灰飞烟灭。故国神游，多情应笑我，早生华发。人生如梦，一尊还酹江月。

永遇乐

宋·苏轼

　　彭城夜宿燕子楼，梦盼盼，因作此词。

　　明月如霜，好风如水，清景无限。曲港跳鱼，圆荷泻露，寂寞无人见。紞如三鼓，铿然一叶，黯黯梦云惊断。夜茫茫，重寻无处，觉来小园行遍。

　　天涯倦客，山中归路，望断故园心眼。燕子楼空，佳人何在，空锁楼中燕。古今如梦，何曾梦觉，但有旧欢新怨。异时对，黄楼夜景，为余浩叹。

赤　壁

唐·杜牧

　　折戟沉沙铁未销，自将磨洗认前朝。

　　东风不与周郎便，铜雀春深锁二乔。

　　学生的大脑像仓库，学习过的知识在大脑皮层中是一个个孤立的点，这些点极容易消失，要不断地理顺归类。教师要有意识地帮助学生采撷同类内容构成语言系统，使新学的知识进入已有的认知结构，从而融会贯通，牢固掌握。否则到了箧丰匣满时，学过的知识仍然是零散孤立的"死"知识，极容易从大脑仓库消失。

（三）根据译文背诗句

学生能自己学的知识，老师不讲。古诗下面带着译文，学生自己看得懂，上课时，老师不必再逐句解释，如果要解释，也应该是更加通俗、有趣地"胡乱理解"。"根据译文背诗句"既是引导学生在理解的基础上背古诗，又给学生增加了复习古诗的机会。当堂学习的几首诗的译文放在一起背，背完一遍之后，屏幕上出现再次打乱顺序的译文：

那些茂盛的春草真是惹人恼的东西，总是催人想家啊，不觉又过了一年，可我什么时候才能回家啊？

江上的春雨霏霏，岸边的青草离离。

六朝的往事像做了一场梦一样，一觉醒来，眼前只剩下春鸟在那儿孤零零地悲啼。

....

屏幕上出示译文之后，先让同桌互相练习，老师站在讲台上看到学生差不多背完一句了，就点击鼠标换下一句。因为奖惩"连带"是我的一贯做法，学生脑中已有思维定式，所以同桌之间互帮互学很热闹，几乎没有一个学生偷懒。练习完一遍后，再回到第一句译文，学生"开火车"读，其他学生也不能成为"看客"，比如"开火车"读的学生根据译文背诵"旧时王谢堂前燕，飞入寻常百姓家"，其他学生跟着喊"堂前燕啊，百姓家"，边喊边活动身体，摇摇头、耸耸肩、伸伸手都行，也可以喊"堂前燕啊"时起立，喊"百姓家"时坐下。虽然看起来有点儿乱，但学生的注意力很集中，"玩"得很开心。

根据译文"开火车"背诗句，只有极少数学生不会，老师要求不会的学生告诉家长自己的情况，让家长及时了解自己的孩子上课跟不上进度，达不到最起码的要求，从而有针对性地辅导，如果家长不闻不问，就"连带"惩罚同桌和小组。学困生也有能力达到这个要求，达不到大概率是因为他"懒"。一节课之后，学生都摸清了老师的教学思路，"懒蛋"们也会尽量稍稍付出一点儿努力，尽量不再去做这种让大家讨厌的事。

200 首宋词之旅

一、故事引路走进浪漫长短句

2007级学生在三年级学的第一本宋词书是《宋词故事》，共40首宋词，附带"注释、故事、拓展思考"，所有的字都有注音。有的孩子会主动阅读，但大部分孩子对宋词本身没有多大兴趣，会跳过宋词看故事。我一直没有考虑好教宋词的方法，这么美的文字，如果仅仅是读读背背，那真是大煞风景。我买了几个朗读光盘，打开一听，都是小孩子稚嫩的声音，不适合作为教学资料。暑假大众日报社刘同贵主任发来短信，说他在北京，问我要什么书，愿意代买。我茅塞顿开，刘老兄诗词功底深厚，品位高雅，他手中一定有值得一听的宋词朗读光盘，于是讨来一盒，MP3格式，共200多首宋词，能录到手机上听。虽然听的时候我似懂非懂，但是当我再看到这些词时，竟然有印象，耳边回响起手机上的录音。我古文功底不深，原本对古典诗词没有多大兴趣，因为听录音，开始痴迷宋词。刘主任送给我的那盒光盘少了一张，我重新从网上订购了一盒。若雅妈妈听完录音后，嫌光盘上的朗读缺乏韵味，便费了好多时间从网上下载了一些录音，发给其他家长。

一切准备好后，我在三年级下学期花两周时间学完课本后，便在明媚的春光中开始了我们师生的宋词之旅。

◎ 经典诵读与白话表达一举两得 ◎

容容妈妈对我说:"我在放学路上遇到宋佳怡,佳怡一放学就叫她妈妈给她买课外书,因为她早已把《宋词故事》上的词提前背过了,按惯例,她上课就有时间轻松阅读自己喜欢的课外书。"我想,如果孩子乐于朗读文字优美的诠释宋词的书,乐于在课堂上展示他的宋词知识,那么孩子的写作就会有后劲,品位也会不俗。

诠释宋词的书,有不少内容涉及爱情,总感觉不适合孩子看。《一生最爱宋词》侧重于介绍词人的生平,语言华丽优美,生活情调浓厚,有的孩子会喜欢。叶嘉莹所著的《北宋名家词选讲》《南宋名家词选讲》也是讲作者,但给孩子看可能深了一些,家长们可以读一读。书放在那里,孩子也可能会翻看,尤其是当第二天要学习某位作者的词时,孩子可能翻看其中一章。叶先生学贯中西,底蕴深厚,写的内容客观一些,侧重于对词的鉴赏。因为是演讲稿,语言平实,容易理解。暑假读过她的《唐宋词十七讲》,知道叶先生对诗词很有研究。我买了不少有关宋词的书,加上以前买的,有十多本,哪一本都让我痴迷不已。

我在课堂上一介绍这些诠释宋词的书,佳怡就等不及了,埋怨妈妈为什么不直接到新华书店买,网上购书要等好几天呢。见到馨婕妈妈,也是一介绍,让她也痴迷上这种书,打算到网上买。受《诗经》《楚辞》熏陶的中华儿女,骨子里也有着浪漫情怀。

上届一个女学生喜欢阅读这种诠释经典的书,从而深深受益。那是一个曾经让老师、家长头疼的孩子,但在诵读经典的过程中,她不断地写出那些让我自愧不如的文字。最初我以为她是照搬过来的,后来发现她在课堂上也能立马写出佳作,尤其是上初中后,她的文字更让我佩服。

很多同行知道我和上届学生通读过《论语》《道德经》,误以为小学高年级学习的重点是经典。实际上,让学生阅读诠释经典的书能提高对白话文的理解能力和自我表达能力,学生要想读得懂经典,并在课堂上展示,不能像读小说那样"一目十行"。在诵读经典的过程中,同时提高自我表达能力是一举两得的好事。

◎ **强化朗读** ◎

我们的课堂实况直播到网上后，我料想会受到同行的议论，有的老师，尤其是擅长讲公开课的老师，可能认为把这么美的宋词当成快餐消化掉不合适。那么我们反过来思考，如果用整整一节课的时间教一首诗词，那么，孩子在九年义务教育阶段能学多少首诗词？熟读《唐诗三百首》或《宋诗三百首》有没有实现的可能？

略读过程中如何让学生理解诗词，最实用、最简单的办法就是朗诵。理解后带着感情朗读，不理解的情况下模仿着录音朗读，对学生来说都是有效的。学生在读李清照的《如梦令》时，因为刚刚在《一生最爱宋词》中读过词人的生平，知道少女时代的李清照活泼可爱，并不像我们想象得那样柔弱，反而常常溜出去游玩。有了这样的理解，学生就把"争渡，争渡，惊起一滩鸥鹭"的俏皮味道朗读出来了。

小学阶段，朗读比理解重要得多，它会深入学生的血液，在他们成年后，甚至在他们垂暮之际，只要他们再见到朗读过的文字，童年时的朗读情景就会再现，就会回到与老师、同学、父母共读宋词的无忧的童年时光。

所以，诗词教学的重点是朗读。在反反复复朗读的过程中，不但孩子能背诵诗词，而且诗词的意境也会随着声音一起留在脑海中。

◎ **在比较中理解** ◎

除了读诠释宋词的书外，我还翻看了几本传记，林语堂的《苏东坡传》深受几个朋友的喜欢。我发现林语堂对王安石的评价很差，甚至把他当作小人看待，当成品格有问题的人。于是，读过这本传记的一位朋友也开始对王安石持保留意见。我虽然佩服林语堂的文字，但是无法认同他对王安石的评价，只因为在学生时代读过另一本描写王安石的书，那个作者认为王安石是伟大的改革家。两个作者不同的观点在我的大脑中产生碰撞，于是我有了自己的思考和观点。孩子的阅读也是如此，读的书多了，不同的观点就会促使他去思考，再在思考的基础上去实践，就容易有创新创造。

如果缺少阅读，对一个少年儿童的成长是舍本逐末；如果缺少阅读，对学生的个性养成是致命一击。书读得多了，自然就学会了思考，学会了比较，学会了暗地里和别人"抬杠"。海量阅读是创造精神的重要源泉。

"一个人不读书，他的见解就常常是从众的、被动的、缺乏分析的。一个民族不读书，这个民族的文化就丧失了创造性、批判性，个人就会被群体所淹没，当今正是个鼓励冒险、创新，让世界跟着自己走的时代。"一个人至少要有一百部经典作品的阅读量，这些经典可以是文学的，也可以是哲学、艺术、心理学、历史的……否则这个人在精神层面上很难具有独立的视角，很难对这个世界产生灵敏又丰富的回应。

我们的"课内海量阅读"教学刚刚开了个头，学生阅读的书也并非都是经典，但有了这个良好的开端，孩子离百部经典的阅读量就近了许多。我们期盼着孩子们向着兼容并蓄、吐故纳新的方向发展。

在课堂上学宋词，要想让学生体会诗词的意境难度很大，对老师的个人素质要求很高，备课要下很大功夫。但再精美的食品，因为量过少，成长中的孩子还是会缺乏营养的。所以"海量"对学经典来说也是必要的。十分钟学完一首词，要让学生大概背过，还要适当理解，还要让那些捣蛋的孩子有事做……真有点儿难度。

比较成功的教学方法是"比较"，这也是我的常用手法。比如学李清照的《武陵春》，就和她少女时代写游玩的词比较，和年轻时的闲愁比较，和辛弃疾"欲说还休"的愁绪比较……

这天学习欧阳修的《生查子·元夕》：

去年元夜时，花市灯如昼。

月上柳梢头，人约黄昏后。

今年元夜时，月与灯依旧。

不见去年人，泪湿春衫袖。

有个学生背了这首诗：

"去年今日此门中，人面桃花相映红。人面不知何处去，桃花依旧笑春风。"

"人面不知何处去，桃花依旧笑春风。"人去景在，引起了诗人难言的惆怅、失落乃至悲凉。可桃花却浑然不察，依旧笑对春风！喜滋滋，乐呵呵，多么不合时宜的笑，多么不解人意的笑！"今年元夜时，月与灯依旧。不见去年人，泪湿春衫袖"也是如此，学生在两首诗的对比中产生强烈的情感。诗词学得越多，学生越爱进行比较，他们的大脑已形成一个固定的思维，每每学了新知识，就会横向、纵向进行比较，于是，宋词的学习渐入佳境。

◎ 渐入佳境 ◎

孩子渐渐能说出对词的理解，朗读也颇有水准。若雅、佳怡、葳蕤、倩雯的朗读为课堂增添了亮丽的色彩，不爱朗读的容容竟然也自告奋勇，读得有滋有味。

潍坊学院的几个大学生不知通过什么途径找到我希望听我的课，我的同事、两位准妈妈——数学老师赵志军、语文老师郑丽萍也来听我的宋词课，课后开玩笑说来进行胎教。郑老师特地表扬了容容等几个学生，说："孩子们都背得挺熟，听宋词录音对小朋友成长有利。"她还表扬朱颜、咏晖等学生理解得挺深。学诗词就是这样，有的孩子理解能力迅速提高，有的孩子只会跟着背诵，有的只能读熟。孩子们在课上跟着录音读，自己读，听同学读……在读和听的过程中，几乎所有的学生都把宋词读得滚瓜烂熟了。

《宋词故事》这本书教学到还剩最后四首词时，我才灵光一现：从网上下载词的赏析文章来读。我把自己读的赏析文章发到公共邮箱中，孩子读还是不读都不强求，但我每教学一首都给学生一个展示的机会："同学们，谈谈你对这首词的理解。"这个环节发言的学生并不多，尤其是在刚刚学《宋词故事》的时候。虽有曲高和寡之嫌，但我"顽固"地保留着这个教学环节，并随时奖励，这是在鼓励学生"冒尖"。一个班级中如果没有一部分学生乐于自由地发表自己的"高见"，就相当于缺乏自由活泼的"学术氛围"。我虽然不属于耐心和蔼型的老师，但我的学生无论在多么大的会场上，都可以并乐于质疑我的观点，纠正我的发言，指正我的失误。"这令我感到欣慰和自豪"。慢慢地就有部分学生愿意"啃"难读的文章，并且边阅读边打算在课堂上说点儿什么，那么他的阅读效率就高了。很多好文章自己欣赏十遍，不如当"小老师""讲一遍给别人听"的印象深。所以，"同学们，谈谈你对这首词的理解"就成为固定的教学环节。现在我按书的结构体例，一首一首地教学，在发言环节任由孩子们东拉西扯。以后，我还会一个专题一个专题地引导孩子们研究苏轼、李清照、辛弃疾……

之后，我还会串讲。如何"串讲"？我会结合《走进苏轼》详谈。

家长们也和同学们一起走进浪漫的宋词。

◎ **大家都爱宋词** ◎

结束《宋词故事》这本书的教学时我进行了一次调查，从家长的回信中了解到孩子喜欢朗读宋词，都能读熟宋词，背诵一部分，愿意有感情地朗读……这就足够了，能不能全部背诵并不要紧，有印象就行了。在学习语文课本和《成语故事》等书的过程中，大部分孩子在学完整本书前就完成了任务。但背诵宋词的难度大一些，周五结束这本书的教学时，背完全书40首宋词的学生不足20个，过了双休日后一共有34个学生背完了40首宋词。两个星期的宋词课程，最大的收获是我们师生都爱上了宋词。

春季的宋词旅行

郭葳蕤的妈妈

在春天里，和韩老师一起学宋词，是一次重读经典的经历。

美文，让我们的审美更加高雅，让我们在烦琐的生活中，能以一种诗意的眼光去重新看待我们的生活，感受季节的交替，感悟人生的种种。

尤其是跟着孩子一起学习，你可以通过孩子的眼光，重新审视我们的生活。

一开始学习宋词时，郭葳蕤就不停地看书。他不仅仅是背过宋词，还认真地看宋词背后的介绍。

前几天，坐公交车的时候，郭葳蕤看见车窗外的春色，开始背起关于春天的宋词，背了很多首。车上很多人都回头惊奇地看着孩子。

"春无踪迹谁知？除非问取黄鹂。""若到江南赶上春，千万和春住。"……在孩子背出的一句句的宋词中，我感觉春天以一种诗情画意的气息徐徐展开。

郭葳蕤现在一开口就是宋词。"婉约流畅，朗朗上口，便于有感情地朗读。"这是郭葳蕤评价宋词的原话。

爱宋词，读宋词，是小郭同学现在的生活状态。

看见月亮，马上就是苏轼的"月有阴晴圆缺"；看见星星，就是秦观的"飞星传恨，银汉迢迢暗度"；看见白浪河，是"大江东去浪淘尽，千古风流人物"。

现在孩子可能还不是很理解宋词里面的意境，但是优美的文字已经使孩子感受到了经典的魅力。

感谢老师，能在春天里和孩子一起进行一场美丽的文字旅行。

我们一家都爱宋词

宋佳怡

爸爸每天都泡脚，他说泡脚也不能浪费时间，于是边泡脚边玩手机。玩了半天，他无精打采地说："我的视力一定下降了！手机一点儿也不好玩！"发现我不理他，一看，哦！原来我在读《人生自是有情痴》呀，老爸说："这是不是关于宋词的书？"我说："当然。"老爸一拍脑瓜说："我怎么忘了！泡脚时看宋词不是很好吗？"从这以后，老爸每天都说"这首词真好"之类的话。

我妈妈呢？她呀，总是说："小孩子为什么能背完这么一大本宋词呢？我为什么一篇也背不过？"我说："老妈，您都30多岁了，也想像'苏老泉，二十七（指27岁）。始发愤，读书籍'吗？"但妈妈的阅读速度很快，正所谓"一目十行"嘛，妈妈把《人生自是有情痴》看完了，开始看《一生最爱宋词》了！

我们都爱宋词

张益嘉

我们班里的人都喜欢背诵宋词，甚至连一些家长都喜爱上了宋词。最让我不可思议的就是宋佳怡的妈妈，她居然把铃声都改成了宋词录音，我暗想："如果有电话来了，那宋佳怡的妈妈不就光听录音不接电话了嘛！"

王馨婕的妈妈早上吃饭时，也听着宋词的录音。尹浩全在家里天天读宋词给他妈妈听，有时甚至还打起了快板。

有一天，吴静琨和她的妈妈、妹妹去人民广场玩，吴静琨随手拿了本《宋词故事》，走着走着，她还不知不觉背诵起来了。

这些同学都让我非常佩服，看来我也不能落后了。

这样的文章还有很多，三年级初学作文的孩子写的文章虽然短小，但是内容各不相同，都是写自己家真实的学宋词的故事，表达自己学第一本宋词的感受。

二、"引读"使宋词教学踏上快车道

凤凰出版社出版的《宋词》共172首，是我们班学习的第三本宋词，在此之前他们大约学过100首。这172首就包含一小部分以前学过的词。到了四年级，学宋词的速度大大加快，大约每节课学10首，最快的一次连复习带新授，一节课学了15首，这节课挂在"课堂直播系统"上，供大家随时"点播"。我们师生一起在阅读快车道上玩得不亦乐乎。这样快的学习速度，老师不可能逐句解释译文，也不会逐字逐句引导学生直译，而是直接"引读"原文。要让学生学得扎实，"引读"是最高速、高效的教法。

◎ **自学译文** ◎

《宋词》上有诗词的译文，如果老师不讲解译文，学生就不读译文怎么办？这一点不用担心，因为我们学习诗词有个常规标准。一星标准是"看译文念准原文，将调序的译文、原文对号入座"。达到一星标准的学生虽然没有背过诗词，但必须自己安安静静地阅读原文，理解大意，才能在老师指着某句译文时，找到原文朗读。二星标准、三星标准都是遮挡起原文，能看着译文背诵原文，达到二星标准可以背诵得不熟练，达到三星标准要求熟练背诵原文。看译文背诵虽然减轻了难度，但促进了学生对诗词的理解。下面举例说明：

《宋词》原文：

6. 菩萨蛮

温庭筠

小山重叠金明灭，鬓云欲度香腮雪。懒起画蛾眉，弄妆梳洗迟。照花前后镜，花面交相映。新帖绣罗襦，双双金鹧鸪。

7. 更漏子

温庭筠

玉炉香，红蜡泪，偏照画堂秋思。眉翠薄，鬓云残，夜长衾枕寒。梧桐树，三更雨，不道离情正苦。一叶叶，一声声，空阶滴到明。

8. 望江南

温庭筠

梳洗罢，独倚望江楼。过尽千帆皆不是，斜晖脉脉水悠悠，肠断白蘋洲。

变序译文：

6.7.8

懒懒地起身画细长弯曲的眉毛，缓缓地打扮。

她秀眉上所画的翠黛色已淡了，如云的鬓发散乱了，长夜是如此漫长，更让人觉得被子、枕头寒冷，难以入眠。

上千只船儿过去了都不见自己的爱人，只有日落前的余晖含情凝视着悠悠江水，让人愁肠寸断于白蘋洲头。

美人重重叠叠的头发中的金背小梳在日光的照射下闪烁不定，像乌云一般的头发轻拂着雪白的脸庞。

玉炉的香，烟雾缭绕；红烛上的蜡烛油如泪水般流淌，烛光照在华丽堂舍中这个秋思正浓的人儿身上。

梳洗化妆完毕，独自倚靠在望江楼上眺望。

将画好的新帖绣在短袄上，图案是成双成对、难以分离的金鹧鸪。

潇潇秋雨敲打着一片片梧桐叶，再滴到台阶上，一声又一声，一直到天亮。

拿前后两面镜子照看头上的花饰，花与容颜交互辉映在镜子里。

堂舍外的梧桐树，三更时分的秋雨，全不管离情别绪让人多么愁苦。

◎ "引读"是高效的学习方法 ◎

课堂上集体学习的主要任务是读熟原文并进一步加深对诗词的理解。首先学生按座次轮流上台对着话筒领读，保证大家能听清楚读音。领读声音刚落，全体齐读一遍。这是我们惯用的学习程序。第三步是老师边提问边"引读"。先看《望江南》的教学过程：

望江南

南唐·李煜

多少恨，昨夜梦魂中。还似旧时游上苑，车如流水马如龙。花月正春风。

李煜做了一个什么梦？学生齐读两遍："还似旧时游上苑，车如流水马如龙。花月正春风。"

他做梦回忆以前当皇帝时游玩的热闹情景，这个梦给他带来什么心情？学生齐读两遍："多少恨，昨夜梦魂中。"

为什么他会有这样的心情？学生七嘴八舌地说诸如"梦境越是美妙，梦醒后越是悲凉，用欢乐反衬凄凉，用盛况反衬孤寂"之类的话，说得是否准确并不要紧，"不求甚解"的理念应该是小学语文教学的"原则"。最后给学生当堂背诵两遍的时间，大部分孩子都当堂背过了。这首短词的教学时间大约两分钟，学生听一遍，读、背五遍。

《踏莎行》的教学过程也和《望江南》一样，学生听、读、背六遍原文。只是在"引读"过程中开了个玩笑，加了点儿现代生活气息，以调节气氛。

踏莎行

宋·欧阳修

候馆梅残，溪桥柳细，草薰风暖摇征辔。离愁渐远渐无穷，迢迢不断如春水。

寸寸柔肠，盈盈粉泪，楼高莫近危阑倚。平芜尽处是春山，行人更在春山外。

行人离家时的景象如何？学生读"候馆梅残，溪桥柳细，草薰风暖摇征辔。离愁渐远渐无穷，迢迢不断如春水"。

行人越走越远，心情越来越愁苦，他想象妻子在家做什么？怎么思念她？学生齐读两遍"寸寸柔肠，盈盈粉泪"后，老师引导学生议论："假如那时有电话，行人就打电话问：'老婆，你心情如何？'妻子说：'我正哭得一塌糊涂呢！'行人会怎么劝说妻子？"学生齐读两遍："楼高莫近危阑倚。""为什么劝说妻子不要到高楼上远眺？"学生齐读两遍："平芜尽处是春山，行人更在春山外。"

下面的《采桑子》学生们也学得兴味盎然。

采桑子

宋·吕本中

恨君不似江楼月，南北东西，南北东西，只有相随无别离。

恨君却似江楼月，暂满还亏，暂满还亏，待得团圆是几时？

这个吕本中好像说话前后矛盾,先说:"月亮,月亮,我爱你!"为什么爱月亮?因为月光常照。学生齐读:"恨君不似江楼月,南北东西,南北东西,只有相随无别离。"吕本中一会儿又变了,说:"月亮,月亮,我恨你!"为什么恨月亮?因为月有圆缺。学生齐读:"恨君却似江楼月,暂满还亏,暂满还亏,待得团圆是几时?"

老师在说"月亮,月亮,我爱你……我恨你"时,夸张的语气、动作、表情使教室里一片笑声。

教师是完整地"引读"较长的句子,还是细碎地"引读"只字片语,要根据具体内容决定。

生查子

宋·欧阳修

去年元夜时,花市灯如昼。月上柳梢头,人约黄昏后。

今年元夜时,月与灯依旧。不见去年人,泪湿春衫袖。

这首词哪句写去年相会?学生齐读:"去年元夜时,花市灯如昼。月上柳梢头,人约黄昏后。"

哪句写今年感情受挫?学生齐读:"今年元夜时,月与灯依旧。不见去年人,泪湿春衫袖。"

老师提两个问题,学生齐读两次,就完成了这首词的教学。

蝶恋花

宋·欧阳修

庭院深深深几许?杨柳堆烟,帘幕无重数。玉勒雕鞍游冶处,楼高不见章台路。

雨横风狂三月暮,门掩黄昏,无计留春住。泪眼问花花不语,乱红飞过秋千去。

这首词中的主人公是什么人?学生大多能答出是个女子。这个女子的住处很封闭,在哪里?学生齐读:"庭院深深深几许?杨柳堆烟,帘幕无重数。"她的丈夫到哪里去了?学生齐读:"玉勒雕鞍游冶处,楼高不见章台路。"

丈夫在秦楼楚馆畅快游玩，妻子在重重深院独守空房时面对的是什么？学生齐读："雨横风狂三月暮，门掩黄昏，无计留春住。泪眼问花花不语，乱红飞过秋千去。"

这首词的教学里三问三答，学习的速度也比较快。

下面的《桂枝香》原文很长，理解起来有一定难度，便采用多问多答的方式"引读"：

桂枝香

宋·王安石

登临送目，正故国晚秋，天气初肃。千里澄江似练，翠峰如簇。归帆去棹残阳里，背西风，酒旗斜矗。彩舟云淡，星河鹭起，画图难足。

念往昔，繁华竞逐。叹门外楼头，悲恨相续。千古凭高对此，漫嗟荣辱。六朝旧事随流水，但寒烟，衰草凝绿。至今商女，时时犹唱，后庭遗曲。

老师往讲台上一站，伸长脖子远眺，问王安石在做什么？学生齐读："登临送目，正故国晚秋，天气初肃。"他先看到江水，学生读"千里澄江似练"，又看到山，学生读"翠峰如簇"，又看到船，学生读"归帆去棹残阳里"……

这种"引读"法教学的好处很明显：一是学生在短时间内读的次数多，所有学生都能当堂熟读，部分学生能当堂背诵，目标的完成率很高；二是老师"引读"的语言帮助学生进一步理解了诗词。

这种几分钟教完一首诗词的做法与常规的文本细读差别很大，表面上看，不如花一两节课的时间精读一首诗词扎实，但实际上，短时间内不求甚解地学习大量诗词，学生的理解能力提高很快，背诵能力也明显提高，这是精读望尘莫及的。也有人会说，面对曼妙优雅的诗词，如此快速地学习，会不会失去审美情趣？不会的，相反大量诵读的过程中，学生深刻感悟到了诗词的韵律美，读得越多，越感到口齿生香，美不胜收。那铿锵的声韵，那华美的词句，可以让人感觉到不可名状的快慰，学生的用词能力、语言的表达能力在潜移默化中提高。当学生像阅读白话文一样轻松阅读古诗词时,他们的阅读范围扩大了,阅读兴趣提高了。他们开始喜欢读诗词作者的传记,如李白、杜甫、苏轼、陆游、辛弃疾等人的传记,由此延伸到喜欢读历史书籍,还喜欢读诠释诗词的书。这些并不是自然状态下小学生喜欢读的书,而是在大量诵读诗词的过程中会对作家的身世进行探讨,会牵扯到历史故事等。中华优秀传统文化蕴藏在古人的诗文与历史故事中,孩子们读多了、读懂了,就找到了我们的"根",学生就成了有根的人。他们会猛然发现,经典并非曲高和寡,并非高不可攀,不知不觉间,他们已经熟读或背诵了200多首宋词,成为"腹有诗书"的才子才女。

◎ 学以致用的学生 ◎

班里有几个同事的孩子十分优秀,尤其是武老师的孩子馨婕。武老师作为学校的教导主任听过我无数次课,我也就无数次看到过武老师听课时发自内心的笑容和开心得手舞足蹈的姿态。武老师一直是"课内海量阅读"的支持者,馨婕一直是"课内海量阅读"的受益者。

学完宋词后我进行书面调查,从家长的回信得知给家长讲宋词的学生人数很多。武老师特地打电话来说馨婕给家长讲课的劲头儿十足,电话里传来咯咯的笑声。有同事如此,有家长如此,真是温暖!幸福!

言归正传,天天给家长讲宋词的馨婕平日说话也是"满口景德镇的瓷器——好词"。贪玩的馨婕,为什么能学以致用?因为她乐于讲给别人听。听十遍不如看一遍,看十遍不如讲一遍,老师对此感受深刻。

我的两大担心事

王馨婕

我最担心的两件事,一件是我的身高,再一件是我的牙齿。

先说说我的身高。猜猜人生最大的苦事是什么。是一个大高个和一个小矮个是同桌,唉!我现在正遭受着这种痛苦。我的同桌丁丁是我们班"海拔"最高的,有160厘米呢,而我呢,却只有134厘米。虽然说人有早长晚长之分,但每一次看丁丁我都要仰起头来,那真是"别有一番滋味在心头"啊！每次我要求丁丁守纪律时，他都笑话我个子矮，就在刚才，我还以老虎下山般的气势瞪着他，他一声"小个子"，我就如霜打的茄子，蔫了！

每当我觉得自己长高了，就兴致勃勃地跑去测量，当爸爸把测量结果报出来时，我就干什么都无精打采了。什么多种营养片、蛋白质粉我都吃了一堆了，还是"无可奈何花落去"，大个子在我眼前一晃，我还是"触目柔肠断"。

第二个令我烦恼的是我的牙齿，小时候我有一口令人羡慕的好牙齿，结果自己总是偷偷地吃糖，好像一下子虫牙就出来了，连饭都吃不好，吃含纤维多的东西总是塞牙，一到体检的时候就害怕，害怕医生看我的牙，看到别人一口皓齿，我只能"试问闲愁都几许？一川烟草，满城风絮，梅子黄时雨"。

我爱宋词

王馨婕

宋词是中华民族的瑰宝，是中国文学史上永远不会磨灭的一颗璀璨明珠。它的音律、意境都非常美，细细品读让人感觉口齿留香，回味无穷。宋词好像有魔力，一开始觉得看不下去，后来一品就觉得"沉醉不知归路"。一次，我正在品味宋词那"柔美的韵律"，妈妈正在煮牛肉，牛肉伴着妈妈"银铃般"的歌声飘进本小姐的"闺房"，可我没有发觉，连"吃饭了"的声音都没有听到，因为我正在宋代旅游呢。幸亏妈妈今天心情好，要不，就要冲进我的"闺房"了。妈妈又叫了好多遍，实在忍不住了，开始"火山爆发"，启动"河东狮吼"程序，足可以把我们家的屋顶震下来，这才把我从宋朝拉了回来。要在平时我一定会像小猫一样静悄悄地溜到餐桌旁吃饭，但现在我读了"竹杖芒鞋轻胜马，谁怕？一蓑烟雨任平生"，便昂首阔步地走了过去。

宋词吸引我的地方还有它的意境，短短几句话就能勾画出一位英俊潇洒的少年形象，单单几个词语就能描绘出一位少女忧愁的双眸。一位位优秀的词人好比一个个手艺精妙的画工,不,他们似乎比画工的功力还要强!

我们中华民族是一个有着悠久历史的民族,流传下来的宋词价值连城,我们应为自己有机会品读人间珍宝而自豪。

三、"走进苏轼"专题研究课例三节

学过一本有40首宋词的《宋词故事》之后,我和一群三年级小朋友开始了"苏轼专题研讨"。我们共上了三节课,每节课学两首词,以苏轼生平为主线,把以前学过的和新学的诗词串成了一条线,让知识产生"超链接"。

这三节课有几个共同的特点:一是理解不求精确,能理解大意即可。二是以读为主,开始先听三遍录音,学生跟读;学生自由发表对词意的理解后,老师每讲一句,学生都跟上齐读三遍;最后屏幕上出示提示语言,学生再背诵三次。加上学生的自由朗读与背诵,每首词最少分别被读、背十遍。三是建立"超链接",把学过的苏轼的诗词,还有其他相关的诗词串起来。四是在教师的引导下,力求学生对苏轼的一生有一个全面的认识,当然,这是最高的目标,不要求全体学生都掌握。

注:加方框的字是幻灯片中的文字。

◎ 第一节 ◎

1. 时代背景

苏轼(1037—1101)

苏轼生活的年代离我们大约多少年?

山雨欲来风满楼——苏轼生活的时代环境

"山雨欲来风满楼"是什么意思?我们在《成语故事》中学过一句类似的诗——"满城风雨近重阳"。"山雨欲来风满楼"喻指北宋内外交困、四面楚歌的境况。

赵匡胤：黄袍加身、杯酒释兵权

澶（chán）渊之盟（北宋与辽所订合约）：白银十万两、绢二十万匹

2. 家庭环境

一门父子三词客——苏轼的家世　　　苏洵

《三字经》上怎么说苏洵？

苏洵应试铩羽而归，而后苦读自己喜欢的《论语》《孟子》《韩非子》等圣贤文章，并和儿子一起读，苏轼还抄书。

少年喜奇迹，落拓（tuò）鞍（ān）马间。纵目视天下，爱此宇宙宽。

父亲苏洵除了喜欢读万卷书还喜欢做什么？（行万里路）所以苏轼的文章有什么与众不同的特点？

大略如行云流水，初无定质，但常行于所当行，常止于不可不止。

从上面的文字能猜出苏轼文章的特点吗？（不受拘束、自然流畅、淳朴自然）

苏轼的文章在应试上并无优势，但他有幸遇到了一位优秀的主考官，在《宋词故事》中，我们学过这位主考官的两首词，老师曾说想不到一代文宗还写这么缠绵的词，他是谁？写过什么词？

（欧阳修，《生查子·元夕》，"去年元夜时"；《蝶恋花》，"庭院深深深几许"）

3. 人生经历

苏洵带着21岁的苏轼和18岁的苏辙进京参加进士考试，第二年，他们三人都考中，文章震动朝野。但苏轼因为性格豪放不羁，对看不惯的事直言不讳，不假辞色，得罪了当权者，结果一生仕途坎坷，我们看他对自己一生的总结：

自题金山画像

心似已灰之木，身如不系之舟。

问汝平生功业，黄州惠州儋州。

初涉仕途

苏轼在陕西凤翔做签判四年，做了几件深得民心的事情，如免除百姓的积欠等，写下了表达报国之志和忧国之心的文章，表现了一个青年政治家和文学家的才华。加上给父亲、母亲各服丧三年，苏轼此时已到了三十多岁。

外任杭、密、徐

苏轼回到京城，对新党王安石、旧党司马光的政治主张都提出了不同看法，为众人所不容，于是自己要求外任，到了杭州做通判。

谈谈你对杭州的了解。

（柳永赞美过杭州：《望海潮》；苏轼也写了赞美杭州西湖的诗，有《六月二十七日望湖楼醉书》《饮湖上初晴后雨》）

今天新学一首苏轼在杭州作的词：

少年游

润州作，代人寄远。

去年相送，余杭门外，飞雪似杨花。今年春尽，杨花似雪，犹不见还家。

对酒卷帘邀明月，风露透窗纱。恰似姮娥怜双燕，分明照，画梁斜。

这首词是苏轼以妻子的口吻写的。学生听录音跟读三遍，再读一读自

学材料,看看意思。(学生自学后谈理解,然后通过各种形式练习背诵)

先根据提示的词意背诵:

少年游

(去年相送的情况)_____,_____,_____。(今年回家了吗?)_____,_____,_____。

(孤独的妻子在做什么?)_____,_____。(姮娥有没有接受妻子的邀请?)_____,_____,_____。

再根据前半句背后半句,或根据后半句背前半句。

少年游

去年相送,_____,飞雪似_____。今年春尽,_____,犹不见_____。

对酒卷帘_____,风露透_____。恰似姮娥_____,分明照,_____。

少年游

_____,_____门外,_____似杨花。_____,_____似雪,_____还家。

_____邀明月,_____透窗纱。_____怜双燕,_____,画梁斜。

同桌互相背诵。

苏轼在杭州时,在自己力所能及的范围内为老百姓做了很多实事,如疏通六口水井等。后来他希望离弟弟任职的济南近一些,他被调到了哪里?

外任杭、密、徐

先到密州：

（1）到了密州后，苏轼发现密州蝗灾严重，就治理灾害，收养孤儿……我们学过他写密州的哪首词？

（《江城子·密州出猎》：老夫聊发少年狂。左牵黄，右擎苍……）

（2）我们还学过苏轼写在密州思念7年未见的弟弟的词，是哪首？

（《水调歌头》：明月几时有？把酒问青天。不知天上宫阙，今夕是何年……）

（3）苏轼调任徐州之前，和弟弟苏辙得以相聚，他们兄弟在徐州同住三个月，我们在二年级时学过一首表达珍惜之情的诗。

（《阳关曲·中秋月》：暮云收尽溢清寒，银汉无声转玉盘。此生此夜不长好，明月明年何处看。）

苏轼到任徐州三个月后，灾难降临徐州城。黄河在徐州以北约50里外决口，蔓延了几百里。苏轼防洪抗灾，筑堤、引黄河水通过旧水道入海，表现了他在水利方面的才华。徐州柴贵，苏轼带人在城南发掘煤矿，表现了他在地质方面的才华。他还结识并推荐了秦观、黄庭坚等人才。但是，此时一个阴谋编织的网撒到了他的头上，即乌台诗案。经过五个月的"文字狱"后，苏轼被贬到了黄州。

黄州谪（zhé）居

他在黄州写了很多诗词，我们今天学其中的一首：

满庭芳

蜗角虚名，蝇头微利，算来著甚干忙。事皆前定，谁弱又谁强。且趁闲身未老，尽放我，些子疏狂。百年里，浑教是醉，三万六千场。

思量。能几许，忧愁风雨，一半相妨。又何须，抵死说短论长。幸对清风皓（hào）月，苔茵展，云幕高张。江南好，千钟美酒，一曲满庭芳。

苏轼想做什么？不想做什么？谈谈你的理解。

这首词体现了苏轼"物我两忘，身心皆空；一念清净，染污自落"的超然洒脱。我们还学过一首词，也体现了苏轼的这种"超然洒脱"，即把世间的一切都看得很淡，无论是鸿运当头，还是厄运降临，都不在意。

定风波

三月七日，沙湖道中遇雨。雨具先去，同行皆狼狈，余独不觉。已而遂晴，故作此词。

莫听穿林打叶声，何妨吟啸且徐行。竹杖芒鞋轻胜马，谁怕，一蓑烟雨任平生。

料峭春风吹酒醒，微冷，山头斜照却相迎。回首向来萧瑟处，归去，也无风雨也无晴。

苏轼是"儒、道、佛"思想兼具的，他一方面有着佛家与道家的"超然物外"，另一方面又深受儒家思想的影响，积极入世，渴望有所作为。我们学过他的一首词，这首词表达了作者活在当下、珍惜时间的思想。

浣溪沙

游蕲水清泉寺，寺临兰溪，溪水西流。

山下兰芽短浸溪，松间沙路净无泥，潇潇暮雨子规啼。

谁道人生无再少？门前流水尚能西！休将白发唱黄鸡。

我们还学过苏轼的一首词，在词中，他想像古代英雄那样为国家建功立业。

念奴娇·赤壁怀古

大江东去，浪淘尽，千古风流人物。故垒西边，人道是，三国周郎赤壁。乱石穿空，惊涛拍岸，卷起千堆雪。江山如画，一时多少豪杰！

遥想公瑾当年，小乔初嫁了，雄姿英发。羽扇纶巾，谈笑间，樯橹灰飞烟灭。故国神游，多情应笑我，早生华发。人生如梦，一尊还酹江月。

附：印发给学生的材料

忆山送人

少年喜奇迹，落拓（tuò）鞍（ān）马间。

纵目视天下，爱此宇宙宽。

自题金山画像

心似已灰之木，身如不系（xì）之舟。

问汝（rǔ）平生功业，黄州惠州儋（dān）州。

少年游

去年相送，余杭门外，飞雪似杨花。今年春尽，杨花似雪，犹不见还家。

对酒卷帘邀明月，风露透窗纱。恰似姮娥怜双燕，分明照，画梁斜。

【大意】去年送别，是在杭州的城门外，当时飘洒的飞雪像春天的杨絮。今年晚春时候，杨絮纷纷扬扬像雪片，他却还没有回家。

举起酒杯，卷起窗帘，邀请明月，春风甘露透过窗纱悄悄进了屋。这正像嫦娥也怜爱那双宿双栖的燕子，把她的光辉与柔情斜斜地洒向画梁上的燕巢。

满庭芳

蜗角虚名，蝇头微利，算来著（zhuó）甚（shén）干（gān）忙。事皆前定，谁弱又谁强。且趁闲身未老，尽放我，些子疏狂。百年里，浑教是醉，三万六千场。

思量。能几许，忧愁风雨，一半相妨。又何须，抵死说短论长。幸对清风皓（hào）月，苔（tái）茵（yīn）展，云幕高张。江南好，千钟美酒，一曲（qǔ）满庭芳。

【大意】小如蜗牛角的虚名，微似苍蝇头的薄利，想来有什么值得为之忙碌不停呢？万事已由因缘决定，还争什么哪个弱哪个强？姑且趁无官一身轻且年纪未老，放松自己，少些拘束多点儿豪放。即使只有一百年的时光，我也愿大醉三万六千场。

思量一生，能有多少欢喜？一半的日子被忧愁和风雨干扰。又何必总是认那个死理，非要论定谁短谁长？幸好面对清风徐徐明月朗朗，绿草青苔无际，云幕高高张挂天上。江南如此美好，让我斟尽千盅美酒，再把一曲《满庭芳》来高唱。

◎ 第二节 ◎

1. 回忆

我们先回忆苏轼的经历：

> 外任杭、密、徐

在杭州做属官，后被派往外地，写了一首思念妻子的《少年游》。

在密州治理蝗灾之后，写了：倾城随太守打猎；思念七年未见的弟弟；兄弟相聚三个月，表达珍惜之情。

苏轼在徐州做了一件拯救百姓于水火的大事，是什么？抗击洪水四十五天。水退后，他建堤坝，还在东门建了一座百尺高的黄楼。

2. 新授一

> **永遇乐**
>
> 彭城夜宿燕子楼，梦盼盼，因作此词。
>
> 明月如霜，好风如水，清景无限。曲港跳鱼，圆荷泻露，寂寞无人见。紞（dǎn）如三鼓，铿（kēng）然一叶，黯（àn）黯梦云惊断。夜茫茫，重寻无处，觉来小园行遍。
>
> 天涯倦客，山中归路，望断故园心眼。燕子楼空，佳人何在，空锁楼中燕。古今如梦，何曾梦觉，但有旧欢新怨。异时对，黄楼夜景，为余浩叹。

看看"注释"和"大意"，说说你读懂了什么。

谁知道关于燕子楼和盼盼的故事？（唐朝徐州守将张愔与小妾关盼盼）

燕子楼外景色如何？（美、静）

在这样的美景之中，苏轼睡着了，美丽而痴情的盼盼可能出现在他的梦中，但他为什么醒了？醒了之后做了什么？（好梦难圆，怅然若失，踏遍小园寻梦）

他在小园中转来转去，思绪万千，他想到了什么？

（①想家，外任已七年。②佳人盼盼杳无音信，这段凄美、真挚的感情早已化为尘土，由盼盼的旧欢新怨想到自己的旧欢新怨，发出了人生如梦的慨叹。③多少年之后，他死了，有人面对这黄楼夜景，也会为"我"深深长叹，感慨人生如梦）

人生如梦的感觉还在苏轼的哪首词中出现过？（《念奴娇·赤壁怀古》，这首以"豪放"著称的词也写了这种"人生如梦"之感）

苏轼一生有两个阶段比较得意：一是在徐州，政绩斐然，高朋满座；二是宋神宗死后，高太后掌权，苏轼任杭州太守。也有两个阶段比较失意："心似已灰之木，身如不系之舟。问汝平生功业，黄州惠州儋州。"一是遭遇"乌台诗案"，被谪黄州。二是高太后死后，从颖州、定州一路被贬到惠州，直到海南岛的儋州。

黄州谪（zhé）居

在黄州，苏轼写了很多诗词，上节课我们学过一首《满庭芳》。

在《满庭芳》中，苏轼想做什么？（"百年里，浑教是醉，三万六千场""幸对清风皓月，苔茵展，云幕高张。江南好，千钟美酒，一曲满庭芳"）

我们跟着苏轼继续"一醉方休"。

3. 新授二

临江仙·夜归临皋（gāo）

夜饮东坡醒复醉，归来仿佛三更。家童鼻息已雷鸣。敲门都不应，倚杖听江声。

长恨此身非我有，何时忘却营营？夜阑风静縠（hú）纹平。小舟从此逝，江海寄余生。

苏轼在夜里做了什么？他最后怎样劝慰自己？（小舟从此逝，江海寄

余生）

这种"忘记荣辱，看淡一切"的境界，在他的另一首词《定风波》中也有体现。

在黄州，苏轼还写过什么？（《浣溪沙》）

附：印发给学生的材料

永遇乐

彭城夜宿燕子楼，梦盼盼，因作此词。

明月如霜，好风如水，清景无限。曲港跳鱼，圆荷泻露，寂寞无人见。纨（dǎn）如三鼓，铿（kēng）然一叶，黯黯（àn）梦云惊断。夜茫茫，重寻无处，觉来小园行遍。

天涯倦客，山中归路，望断故园心眼。燕子楼空，佳人何在，空锁楼中燕。古今如梦，何曾梦觉，但有旧欢新怨。异时对，黄楼夜景，为余浩叹。

【注释】

彭城：今江苏徐州。

燕子楼：唐徐州守将张愔为其爱妾盼盼在宅邸所筑小楼。

纨：击鼓声。铿然：清越的音响。

梦云：夜梦神女朝云。云，喻盼盼。

惊断：惊醒。心眼：心愿。黄楼：徐州东门上的大楼，苏轼任徐州知州时建造。

【大意】

明月如霜般洁白，好风就如同清水一样清凉，清新静谧的夜景真是怡人。弯弯的水渠中，鱼儿跳出水面；圆圆的荷叶上，露珠随风落下。但夜深人静，这样好的美景无人欣赏。三更鼓声，声声有力，响彻夜空，一片树叶悄悄落到地上，竟惊断了我的梦。醒来唯见夜色茫茫，梦中情致再也见不到，纵然寻遍小园也是枉然。

那长期在外地的游子，看那山中的归路，苦苦地思念着故园。燕子楼空空荡荡，佳人已不在，空留那雕梁画栋上的一双燕子。古今万事皆成空，皆如一场梦，可惜啊，世人只知沉溺于旧欢新怨，有几人能从梦中醒来呢？今天我在这里凭吊燕子楼，想起了关盼盼。他日有人来到我建的黄楼上，也会为我这历史的过客感叹吧！

临江仙·夜归临皋（gāo）

夜饮东坡醒复醉，归来仿佛三更。家童鼻息已雷鸣。敲门都不应，倚（yǐ）杖听江声。

长恨此身非我有，何时忘却营营？夜阑风静縠（hú）纹平。小舟从此逝，江海寄余生。

【注释】

宋神宗元丰五年（1082）九月作于黄州。临皋：临皋亭，乃长江边的一个水驿官亭，在黄州朝宗门外。作者元丰三年（1080）由定慧院移居于此。

东坡：本为黄州城东的旧营地。作者于当年春天在此开荒植树，仰慕白居易在四川忠州东坡躬耕之事，遂名此地为"东坡"，并取以为号。又建雪堂，其时堂未建成，故仍回临皋止宿。

恨：感到缺憾。营营：为名利所纷扰。

夜阑：夜深。縠纹：喻指水面上细小的波纹。縠，有皱纹的纱。

【大意】

夜深时在东坡的寓室里，醒了又醉，回来的时候仿佛已经三更。这时家里的童仆早已睡熟，鼾声如雷鸣。敲了敲门，没有回应，只好独自倚着藜杖倾听江水奔流的吼声。

经常愤恨这个躯体不属于我自己，什么时候能忘却为功名利禄钻营奔竞！趁着这夜深，风静，江波坦平，驾起小船从此消逝，泛游江河湖海寄托余生。

◎ 第三节 ◎

1. 回忆

我们再次回忆下苏轼的经历：

外任杭、密、徐

在杭州做属官，后被派往外地，写词一首思念妻子——《少年游》。

倾城随太守打猎——《江城子·密州出猎》。

夜宿徐州守将为爱妾所筑的燕子楼，作《永遇乐》；在徐州遇上春旱，去徐州石潭祈雨，得雨后，又谢雨，写了五首《浣溪沙》，我们学过其中一首。

乌台诗案　黄州谪居

被发配到黄州后，自己先找了一个可以住的地方，而后家人再来。最先住的地方是黄州定慧院。

2. 新授

卜算子·黄州定慧院寓居作

缺月挂疏桐，漏断人初静。谁见幽人独往来？缥缈孤鸿影。

惊起却回头，有恨无人省。拣尽寒枝不肯栖（qī），寂寞沙洲冷。

这首词出现了"幽人""孤鸿"两个意象，看看"注释"和"译文"，"幽人"是谁？"孤鸿"是什么？词的开头为"幽人""孤鸿"的出场营造了一种什么氛围？

"幽人"在做什么？"孤鸿"是什么情况？（缥缈高飞、形单影只）

"幽人""孤鸿"的处境有很多相似之处，从下片中找一找。

"孤鸿"惊起的原因可能是什么？（疾风暴雨、有人捉它、有人用箭射它、有人拿石头砸它……）它从温暖的巢中惊起的心情如何？（惊恐万状，心怀幽恨）

它有没有随便找个地方栖息下来？没有。就像无论是新党还是旧党，苏轼都没有屈从于他们。四十几年的政治生涯中，苏轼转徙四方州郡，尝尽流离奔波之苦，但他一生不做见风使舵的庸吏，不徇私、不盲从，表里如一、光明磊落，表现了儒家知识分子舍生取义的凛凛气节。就像词中孤独、漂泊的大雁（"孤鸿"）一样，归宿荒冷的沙洲，不肯与世俗合流。

苏轼临死前在自己的画像上题诗，对自己做了怎样的总结？（"心似已灰之木，身如不系之舟。问汝平生功业，黄州惠州儋州"）上节课我们谈到苏轼有两个阶段比较得意：一是在徐州，政绩斐然，高朋满座；二是神宗死后，高太后掌权，苏轼任杭州太守。而他为什么会写失意时的"黄州惠州儋州"？（在黄州时苏轼的创作颇为丰富，他脍炙人口的四篇文章都是在黄州写的——《念奴娇·赤壁怀古》《前赤壁赋》《后赤壁赋》《记承天寺夜游》）

跟同桌数一数，我们学过哪些苏轼在黄州写的词？说说词名或背一两句都可以。

有"一醉方休"的两首——《满庭芳》《临江仙》；有忘记荣辱、看淡一切的《定风波》；有从打击中挣脱出来，劝人珍惜时间的《浣溪沙》；有希望像古人那样建功立业的《念奴娇·赤壁怀古》……

宋神宗很欣赏苏轼的才华，调他到离京城较近的汝州。赴任途中，苏轼游览了庐山，写下了《题西林壁》。

宋神宗去世，十岁的小儿子当皇帝，高太后掌权，苏轼任翰林学士，是皇帝最亲近的"顾问"兼"秘书"，参与朝廷机密大事，并起草有关文件，有"内相"之称。他反对司马光全面废除新法，与旧党发生矛盾。他与理学家程颐发生矛盾，要求外任，54岁时出任杭州知州，与第一次任杭州通判相隔16年。16年前他写过赞美杭州西湖的诗——《六月二十七日望湖楼醉书》《饮湖上初晴后雨》。他治理西湖时，"苏堤春晓""三潭印月"就出自他的手笔。遇上旱灾、水灾、瘟疫流行，他建医院、平价出卖官米等，帮助百姓度过灾年。在此期间朋友苏伯固一直在帮助他，苏伯固要回自己家吴中去了，苏轼写了一首送别诗：

青玉案·送伯固归吴中

三年枕上吴中路，遣（qiǎn）黄犬，随君去。若到松江呼小渡，莫惊鸳鹭，四桥尽是，老子经行处。

辋（wǎng）川图上看春暮，常记高人右丞句。作个归期天定许。春衫犹是，小蛮针线，曾湿西湖雨。

伯固终于能回家了，苏轼是什么心情？（高兴、留恋、羡慕）

伯固回家和王维有什么关系？回忆王维的诗：

《鸟鸣涧》：人闲桂花落，夜静春山空。月出惊山鸟，时鸣春涧中。

《山居秋暝》：空山新雨后，天气晚来秋。明月松间照，清泉石上流。竹喧归浣女，莲动下渔舟。随意春芳歇，王孙自可留。

《鹿柴》：空山不见人，但闻人语响。返景入深林，复照青苔上。

《竹里馆》：独坐幽篁里，弹琴复长啸。深林人不知，明月来相照。

《山中送别》：山中相送罢，日暮掩柴扉。春草明年绿，王孙归不归？

附：印发给学生的材料

卜算子·黄州定慧院寓居作

缺月挂疏桐，漏断人初静。谁见幽人独往来？缥缈孤鸿影。

惊起却回头，有恨无人省。拣尽寒枝不肯栖（qī），寂寞沙洲冷。

【注释】

定慧院：今在湖北黄冈东南。

漏断：漏壶的水滴尽了，指时已深夜。漏，古代盛水滴漏计时之器。

幽人：幽居之人，苏轼自谓。

省：明白。

【大意】

残月高挂在稀疏的梧桐树上，夜深人静，漏壶的水早已滴尽。

谁能见到幽居的人独自往来徘徊？唯有那缥缈高飞的孤雁的身影。

它突然被惊起又匆匆回首，心里有恨却无人能懂。它挑遍了寒冷的树枝不肯栖息，却躲到寂寞的沙洲甘愿受苦。

青玉案·送伯固归吴中

三年枕上吴中路，遣（qiǎn）黄犬，随君去。若到松江呼小渡，莫惊鸳鹭，四桥尽是，老子经行处。

辋（wǎng）川图上看春暮，常记高人右丞句。作个归期天定许。春衫犹是，小蛮针线，曾湿西湖雨。

【注释】

伯固：苏坚，字伯固，作者的友人。吴中：今江苏吴县。

呼小渡：招呼小船摆渡。四桥：在苏州。

老子：苏轼自称。

辋川图：辋川在陕西蓝田，王维曾隐居于此，并在寺壁绘《辋川图》。

高人：指伯固。

右丞：王维曾任尚书右丞，故称王右丞。

小蛮：白居易的侍妾，此处指词人侍妾朝云。

【大意】

我们相识三年，你对归去吴中的路魂牵梦绕。如今你回故园，我有心打发黄狗跟随在你身边，以便把相互的音信递传。如果到松江渡口招呼渡船，不要惊动那里的白鹭双鸳，因为它们都是我的旧相识。那里的四桥、那里的山山水水都曾是我足迹遍布的地方。

如今我只能在王维画的《辋川图》中欣赏春天，常记王右丞诗句中的那些美丽的山山水水。约个归期吧，老天爷定会准许。去时带上那件春衫，它是朝云为我亲手缝制的，上面还有那曾打湿春衫的西湖雨。

3

名言警句教学

名言警句是"课内海量阅读"教学不可缺少的一部分，同样遵循着由易到难的顺序，第一本读物一定是带故事的，故事是小孩子学习的润滑剂。带故事的名言警句可以从二年级开始阅读。名言警句要熟读成诵，故事要读流畅。

年级高一些的学生学习的速度明显加快。四年级上学期学完课本后，9月中旬，我们开始了《名句》的学习。

我们用6节课学了134句古代名句，学生百分之百地通过了过关检查，我不禁为弟子们自豪，也对自己的教学理念和教学方式颇感得意。

一、准备

这本定价6元的《名句》，是上届学生在2005年用4元钱买的，他们毕业前都在书上写上赠言送给了我当礼物。我曾借给女儿的同学读过，借给晓明的学生读过，六年之后还剩三十几本。

我打算配齐60本放在学校图书馆里，供一个班的学生阅读，但搜遍全网，也没有找到，只好让学生轮流阅读。春节前请孙陶妈妈照着书把原文、译文输入电脑，我在此基础上整理成三个文档：

（一）名句电子书：原文后跟着译文，原文中的部分字注音。如：

1. 风萧（xiāo）萧兮（xī）易水寒，壮士一去兮不复还！风声呼啸啊，易水寒冷。壮士一去啊，再也不会回来！

2. 天下兴亡，匹夫有责。国家兴衰，普通百姓也有责任。

（二）原文：删除了译文及注音，只剩原文。如：

1. 风萧萧兮易水寒，壮士一去兮不复还！

2. 天下兴亡，匹夫有责。

（三）调序译文：在一定范围内把译文顺序打乱。如：

爱国篇 1—12

国家兴衰，普通百姓也有责任。

风声、雨声、读书声，都愿意听到；家事、国事、天下事，都应该关心。

一寸国土就像一寸黄金一样宝贵。

自古以来谁能够不死？要留下一片丹心光照史册。

这本书的星级评价标准是：

一星目标★：读熟原文，能看着译文迅速找到对应的原文。

二星目标★★：能看着译文背诵原文，能背 60% 即可。

三星目标★★★：能看着译文背诵原文，熟练程度高。

春节前，按完成学习任务的先后次序，部分学生先拿到了书自学，书上原句全部注音，除了译文还有对字词的解释，以及"解说"，即进一步诠释。

对于任何一本书的教学，我首先重视的是学生的自由阅读，书上有的内容不作为上课检查、讲解、讨论的重点，学生自己阅读的效果要比听老师讲解的效果好，这是我坚信的理念。无论是名句还是唐诗宋词，书上和我整理的电子文档都有译文。不检查也不用担心学生不读译文，因为通过抽查"调序译文"中的部分句段可以敦促学生阅读全部译文，以达到"模糊理解"的目的。

二、疯狂语文

每一节课都有一个相同的程序：学生"开火车"读句子，全班跟读两遍；师生讨论后再齐读两遍。尽管学得很快，一本书用六节课就学完了，但每句话都能在课堂上听两遍、读四遍，孩子都能把没有注音的文言

"原文"读熟，这是我提出的最低要求，也是通过课堂教学人人能达到的要求。如果达不到最低要求，那肯定是孩子上课贪玩了，我按惯例会跟家长交流。和我共同度过近四年时光的学生（尤其是那些上学前不知什么原因造成难以集中精力的学生，让他们上课张开嘴念书，需要一个漫长艰难的历程），都已深深知道：从他们入学第一天起，无论学什么，我永远不变的理念就是让课堂上书声琅琅，让学生时时在课堂上朗读。我所实践的"课内海量阅读"力求把大量阅读教学落实到课堂上，《名句》教学的过程就是一个很好的体现。

班上总有几个捣蛋的孩子哪怕被调到前排也还是对老师的教学"充耳不闻"，在课堂上时时处于"神游"状态，惹得我瞪眼发脾气。但是，其实孩子们一直在进步，在朝着老师和家长期待的方向前进，几个捣蛋的孩子其实也为班级生活增添了很多乐趣。只是我的性格使然，这么大年龄了还改不了急性子。我说这些只是为了说明，让孩子不停地在课堂上时时朗读，既是提高学业成绩的必要前提，也是防止学生"神游"的手段。

文萃小学的陶亮俚一直跟着我听了两个月的课，他有一个很恰当的评语："'疯狂英语'的教学法！""疯狂英语"的教学法能让学生学好英语，"疯狂语文"的教学法更能让学生学好语文。母语比英语好学，但仍有不少孩子学不好语文，是什么原因？因为许多人忽略了学习语言的基本途径：多练习，举三反一而不是举一反三。

三、滚雪球

第一节语文课先学《名句》——"爱国篇"的12个句子：

1. 风萧萧兮易水寒，壮士一去兮不复还！
2. 天下兴亡，匹夫有责。
3. 以国事为己事，以国权为己权，以国耻为己耻，以国荣为己荣。
4. 风声、雨声、读书声，声声入耳；家事、国事、天下事，事事关心。
5. 先天下之忧而忧，后天下之乐而乐。

6. 一寸山河一寸金。

7. 苟利国家生死以，岂因祸福避趋之。

8. 捐躯赴国难，视死忽如归。

9. 位卑未敢忘忧国。

10. 人生自古谁无死，留取丹心照汗青。

11. 生，亦我所欲也；义，亦我所欲也。二者不可得兼，舍生而取义者也。

12. 鞠躬尽瘁，死而后已。

第一句：

风萧萧兮易水寒，壮士一去兮不复还！

先听一遍，齐读两遍，然后讨论："抗日战争时期，敌人的凶残是中国人亲身经历过的，狼牙山五壮士决心把敌人引上绝路时，他们心里是怎么想的？"

提示学生用书上的名句回答，孩子们齐呼：风萧萧兮易水寒，壮士一去兮不复还！

王二小打算把敌人带进八路军的埋伏圈时，心里回荡着一曲古人吟唱过的歌：

学生答：风萧萧兮易水寒，壮士一去兮不复还！

我们一起唱响古人唱过的歌：风萧萧兮易水寒，壮士一去兮不复还！

这一句名言在课堂上齐读了五遍。

当学到第十一句"生，亦我所欲也；义，亦我所欲也。二者不可得兼，舍生而取义者也"时，老师问："古人对待'死亡'持什么态度？"

10. 人生自古谁无死，留取丹心照汗青。

8. 捐躯赴国难，视死忽如归。

7. 苟利国家生死以，岂因祸福避趋之。

1. 风萧萧兮易水寒，壮士一去兮不复还！

孩子们你吟我诵，把刚刚学过的句子现学现用。

为了鼓励学生联系所学知识，我只得使出"绝招"——复习《集锦》（以前学过的内容）及四、五年级的古诗有奖励，复习两本奖百元奖状。复习不是简单的重复，新旧知识结合的复习才是最有效的。

比如常博宇、张梦溪、张艺馨等最近发言很积极，两个小宋以及小张、小郭等也一直乐于发言。他们的发言体现了我的教学理念：让所学知识融会贯通，以达到活学活用的效果。《名句》是我之前教过一遍的书，我对内容很熟，但每天晚上我都要把明天要教学的内容翻一翻，把《集锦》及学过的诗词也看一看，就是为了上课时引导学生联系所学，学以致用。

在最初的几课，大多数时候是在我的提示下，学生联系学过的知识，但"雪球"越滚越大，到后面的几课，学生学到新的名句时，都主动联系前面学过的句子。发言最积极的是插班生浩然，之前同学们背诵一至三年级学过的内容时，这个孩子会流露出怅然若失的表情，现在她一次一次抢着起立发言，开心得不得了。

现在学习的《名句》中的知识和下一步要学习的《穿越唐诗宋词》，与将来学习的经典都有联系。

期盼孩子们小学毕业时不但满腹经纶，而且真正成为孔子所推崇的君子。

附：陶亮俚的听课笔记

新的教学，老的课程

昨天韩老师用将近两周的时间结束了语文课本的教学，今天开始教授新的内容——《名句》。

这本书分"爱国篇""修身篇""孝亲篇""立志篇""勤学篇""自强篇"，共100多句，大多哲理性强，与少年儿童成长密切相关，是有益于少年儿童健康成长的经典名句。

上课铃一响，韩老师破例多说了几句学习的注意事项。接下来的学习过程极其简单，每句都采取"三部曲"的方式。

1. 朗读积累。

先按小组的顺序指名读，要求声音响亮，读准字音，然后全班齐读两遍，接着教师正音范读，最后全班再齐读两遍。不过教学有法，教无定法，一切都随教学内容和学情而定。像"鞠躬尽瘁，死而后已"这种学过的句子一般指名读一遍，全班跟读两遍即可。但遇到如"天将降大任于斯人也……增益其所不能"的长句子就会多读几遍，直至读得通顺流利为止。

由于大部分学生在课前读过，所以被指名读时都能流畅准确地朗读。即使个别同学没有预习，也能把句子读好，因为在课堂上至少会读四遍。所以此环节的朗读重在积累，培养语感。

2. 迁移拓展。

学生根据名句的意思、作者，调动平时积累的知识，在脑海中快速搜索与之相关的内容。由陆游的"位卑未敢忘忧国"想到《卜算子·咏梅》，想到《示儿》，想到《秋夜将晓出篱门迎凉有感》，想到"天下兴亡，匹夫有责"，想到"先天下之忧而忧，后天下之乐而乐"……由文天祥的"人生自古谁无死，留取丹心照汗青"，想到本句出自《过零丁洋》，想到"人固有一死，或重于泰山，或轻于鸿毛"，想到"宁为玉碎，不为瓦全"……虽然有的内容联系得不是很恰当，但是学生都能积极地打开思维的雷达，说到相关的诗词能脱口而出，这样足矣。

读书重在思考，并把自己积累的知识连成一片，互相启发，这种被钱锺书先生提倡的"打通"的方法在这一环节被淋漓尽致地体现出来。不但借此机会复习了旧的知识，而且在相互联系中加深了对原句的理解，由此在学生的语言思想系统中织就了一张又一张网。

3. 学以致用。

老师通常会根据句子的意思创设一个个情境，让学生根据具体的语境运用句子。学习"风萧萧兮易水寒，壮士一去兮不复还"时，老师联系王二小的故事讲道："当王二小被敌人杀害，那真是——"学生说："风萧萧兮易水寒，壮士一去兮不复还。"老师联系狼牙山五壮士的故事激动地说道:"当五壮士跳下悬崖的那一瞬,我们会说——"学生接:"风萧萧兮易水寒,壮士一去兮不复还。"而讲到"富贵不能淫,贫贱不能移,威武不能屈"时,老师索性编了一个以学生为主人公的故事。学生在轻松愉悦的氛围中理解了句子的内涵,遇到具体语境,相应的语句脱口而出。

无论是朗读积累,还是迁移拓展,学生习得的是语言,语言是思维的载体,制约着思维,甚至决定着思维。没有足够的语言积累,思维便无法安家。但语言只有进入运用层面,在具体语言实践中得以运用,生成的才是言语。言语承载着作者的情感思想,而语言则没有。这一环节无疑让孩子的言语实现了有效的生成。

韩老师按照这样的流程在一节课的时间里带着孩子学习了23个句子。这些名句炫转荧煌、简练生动、言简意赅、整齐和谐、易读易记,可以极大地提升学生出口成章的言语品质,也可以很好地提高学生的思想道德修养,具有极高的艺术价值和思想价值。

4

白话文言同步推进：
案例《骏马的悲歌》

　　《骏马的悲歌》一书是中学生读物。内容很深。我教得累，学生学得也累，家长也喊："家长都看不懂的书，为什么要让四年级的小学生读？"当初选择这本书，就是因为这本书体现了我的理念："白话文、文言文同步推进。"本来这本书可以等到五年级或六年级再学，但身边有个小跟班——戴建荣的徒弟陶亮俚从开学就听我的课，大有一个学期都待在潍坊的架势，我就赶紧抓他干活。整本书的口头填空题都是他按我的要求整理的，很费功夫。第二天要学习的文章，我要提前一天阅读不下10遍，才能做到深入浅出地引导学生理解。这本书教得真累，但开弓没有回头箭，因为四月份《小学生拼音报》报社要召开一个大型的"韩兴娥教学艺术研讨会"，会议通知已发，我们只能往下学。

一、原文举例

　　4月中旬，会议召开前，我们正学习《穿越唐诗宋词》的第二部分《怅望千秋清歌醉吟》，有"诗家天子王昌龄"，有"寄李白"，有"怅望千秋一洒泪——杜甫"，有"骏马的悲歌——李贺"，有"独钓寒江雪——柳宗元"。每一篇文字都冲击着我的心灵，我为古代文人的那种责任感而肃然起敬。会务组要求我们五个上课老师发教案，我决定发原文，方便参会老师了解上课的内容。我选择"骏马的悲歌——李贺"一文，是因为这篇文章最短，在会议手册中占的篇幅能尽量短一点儿。

附：原文

骏马的悲歌

李元洛

一提到中唐诗人李贺，众人总不免要想到他寻诗觅句时，那头曾和他形影相随的蹇驴。

……………

"马"确实是使人一见就豪情陡生的动物……它们的蹄声该曾拨动过李贺年轻易感的心弦，它们那强悍骁勇而魁伟俊逸的形象，在灯光薄暗、草药香浓的寒宵，该常常像一阵烈风扫过李贺的心头，使得病体支离、形容消瘦的他，不禁热血沸腾而眼睛发亮！不然，这位多病多忧、不第不达的诗人，整天抱着药罐，怎么能喑呜叱咤出23首咏马的诗章？

这一大型组诗的第四首，我总觉得应该排为开宗明义的"其一"，但现在是退而居"其四"，不知这是出自诗人自己当年的手订，还是他人的编排，那已经不得而知了：

此马非凡马，房星是本星。向前敲瘦骨，犹自带铜声。　　——其四

……………

李贺生于安史之乱后的中唐时代。盛唐如日中天、万邦来朝的威仪与光荣，已经只能从史籍和记忆中去追寻了。李唐王朝其时所唱的，已是江河日下的悲歌。不过，李贺乃唐代宗室之后，他一厢情愿地自认他瘦弱的双肩，也应该承担振兴大唐的重任，何况濡染了儒家传统教育的读书人，更以为天下兴亡，匹夫有责，不能不管人间的沧桑和家国的盛衰。于是，李贺的马诗，强烈地表现了他渴望建功立业、实现人生价值的梦想：

大漠沙如雪，燕山月似钩。何当金络脑，快走踏清秋　　——其五
催榜渡乌江，神骓泣西风。君王今解剑，何处逐英雄？　　——其十
不从桓公猎，何能伏虎威。一朝沟陇出，看取拂云飞。　　——其十五

李贺说自己"少年心事当拏云"，他时时以骏马与神骓自许，他不仅

想立德立言于庙堂之中，也欲效命立功于沙场之上。应该附带一笔的是，除民间蓄养外，唐代的官马数高达七百万匹，这对李贺咏马是启示也是刺激。李贺是病夫一个，也为马中之龙，乃书生一介，也系非常之人，他羸弱的胸中容纳的是天下和苍生，在煎熬汤药的炉火之旁，他怀的是驰骋沙场、置身青云的梦想。

…………

壮志凌云而年轻多病的李贺，生命意识分外强烈，对时间特别敏感，他之多用"白"字，是否又表现了他对时间的留恋和对生命的珍惜？他笔下的马，也常常是白马或白蹄之马，如"青袍度白马""马蹄白翩翩""将军驰白马""㭿㭿银龟摇白马"，而翻开《马诗二十三首》，在我们眼前掠过的，竟然也是一道闪电般的白光：

龙脊贴连钱，银蹄白踏烟。无人织锦韂，谁为铸金鞭？——其一

奇才贵质却生不逢辰，正好建功立业却时不我待。"无人""谁为"的有疑而问，透露了李贺内心深处如同寒冬一样的肃杀与悲凉，他已预感到他的天生我材，他的壮怀热血，恐怕都会白白地付诸东流了，如同古往今来的许多有志之士一样。

别无选择的时代，诡不可测的命运，加上大约是与生俱来而每况愈下的身体，共同联手制造了李贺的悲剧。李贺生于中唐，内有藩镇割据、宦官弄权，外有吐蕃东侵、南诏北扰，正值内忧外患之日，国家多事之秋。

…………

从古到今，官运亨通而文章不朽的究竟曾有几人？如果李白供奉翰林后从此青云直上，如果杜甫献三大礼赋后一朝飞升，他们后来的作品怎么能落笔惊风雨，诗成泣鬼神？对于一个民族，值得顶礼的不是帝王的陵寝，将相的门第，官员的高位，富豪的财宝，而是千秋盛业的文化和光照百代的文学的星斗。对于一位真正的诗人，世俗的荣华富贵如同过眼的烟云，只有诗章传诵于后世，才是永恒的安慰与丰碑。一千年后，和李贺同时的帝王将相、达官贵人、富商巨贾都到哪里去了？一抔黄土，蔓草

荒烟，长满霉苔的名字只能到尘封的史册中去翻寻，往日的炙手可热、气焰熏天，顶多只剩下墓前零落的石人石马的冰凉冷寂。而李贺，他扩大了唐诗的边疆，成为自己的国土的无冕之王，他的洗尽俗调、炫奇翻异的诗歌，至今仍然活在众生的心中和代代相传的记忆里。

二、印发给学生的自学材料

给学生编写自学材料，并印发纸质文本，是为了便于学生按惯例自学。复制原文后，我从三个方面进行编写。第一是选择适合学生诵读的句段，选择有积累价值的词语做成口头填空题。第二是补充字词的解释或诗句的解释。《骏马的悲歌》原文中没有诗的译文，作者以深厚的功底读唐诗如读白话一样轻松，但小学生不容易理解唐诗的字面意思，所以我加了字词的解释和诗句的解释。第三是给学生可能不认识的字注音。我的学生在一年级下学期平均能认识2000字，已能够阅读无注音的书。但一直到三年级，在课堂上我和学生共读的都是注音读物，因为学生在阅读课外书时很少主动查字典。我们并不是不提倡查字典，只是即使提倡查字典，并在课堂上经常引导学生查字典，一时也很难养成习惯。当学生读得很开心，而且默读的速度比较快时，对字音和字义自然而然地就连蒙带猜了。字义是完全可以通过大量阅读猜对的，但字音不能猜，必须准确。所以，我编写自学材料时，遇到学生可能不认识的字就注音，尤其对多音字，更需要反复注音。按理说，生僻字、多音字及其他易读错的字的注音应该出现在原文中，但有些出书的人不考虑读者的实际情况，要么全文注音，要么一个字也不注音。于是，我只得反其道而行之，在自学材料上注音，便于学生读准。

附：自学材料

骏马的悲歌

李元洛

一提到_____诗人李贺，众人总不免要想到他_____时，那头曾和他_____的蹇（jiǎn）驴。

....

它们的蹄声该曾拨动过李贺_____的心弦，它们那强悍（hàn）骁（xiāo）勇而_____的形象，在灯光_____、草药_____的寒宵，该常常像_____扫过李贺的心头，使得病体_____、形容_____的他，不禁热血沸腾而_____！不然，这位多病_____、不第_____的诗人，整天抱着药罐，怎么能喑（yīn）呜（wū）叱（chì）咤（zhà）出23首咏马的诗章？

....

李贺生于安史之乱后的中唐时代。盛唐_____、万邦来朝（cháo）的威仪与光荣，已经只能从史籍和记忆中去_____了。李唐王朝其时所唱的，已是_____的悲歌。不过，李贺乃唐代_____之后，他_____地自认他瘦弱的双肩，也应该承担_____的重任，何况_____了儒家传统教育的读书人，更以为_____，_____，不能不管人间的_____和家国的_____。于是，李贺的马诗，强烈地表现了他渴望_____、实现的梦想：

大漠沙如雪，燕山月似钩。何当金络（luò）脑，快走踏清秋。

——其五

在燕山大漠，明月如银钩，在月光照耀下，沙尘像雪片纷纷扬扬。何时能够骑上我的铁甲快马，在清秋时节任意驰骋。

催榜（bǎng）渡乌江，神骓（zhuī）泣（qì）西风。君王今解剑，何处逐英雄？

——其十

前两句写的是兵败后的项羽把乌骓马送与他人，而乌骓马却依恋故主，故而"泣向风"。后两句表达了对乌骓马今后状况的同情。是作者代替马说出的辛酸的话，充满着无限悲情。英雄已逝，乌骓马失去了知己，充满了无处依托的迷茫。

不从桓（huán）公猎，何能伏虎威。一朝沟陇（lǒng）出，看取拂云飞。

——其十五

你如果不是跟随了桓公，焉能有降龙伏虎的赫赫伟绩。有朝一日，我从沟壑（hè）中腾空而出，自让你见识掠云飞驰的雄姿。

李贺说自己"少年心事当拏云"，他时时以骏马与神雏自许，他不仅想_____于庙堂之中，也欲_____于沙场之上……李贺是病夫一个，也为_____，乃书生_____，也系非常之人，他羸（léi）弱的胸中容纳（nà）的是天下和_____，在煎熬汤药的炉火之旁，他怀的是驰骋（chěng）沙场、_____的梦想。

……………

壮志凌（líng）云而年轻多病的李贺，_____分外强烈，对时间特别_____，他之多用"白"字，是否又表现了他对时间的_____和对生命的_____？

龙①脊贴连钱②，银蹄白踏烟。无人织锦韂③（chàn），谁为铸金鞭？

——其一

①龙：健壮的马。②连钱：形容毛色斑点状如连接的铜钱。③韂：也叫障泥，垂覆在马腹两侧以遮挡泥土的布帘。

马的脊毛图案像连接着的铜钱，银蹄奔驰时白色一片如踏着云烟。可是没有人为它编织锦绣障泥，又有谁肯为它铸就饰金的马鞭？

这首诗开头一个"龙"字写此马非比寻常，又有背脊连钱图案之奇特外观，银蹄踏烟之矫健体格，定是良马。可纵是良马，无人赏识，织得锦韂，铸成金鞭，又有何用，徒悲而已。诗人以龙脊银蹄的骏马自比，慨叹纵有千里马但没有爱惜良马的人，抒发了怀才不遇，抱负不能施展的抑郁与愤懑之情。

奇才贵质却_____，正好建功立业却_____。"无人""谁为"的有疑而问，透露了李贺内心深处如同寒冬一样的_____与_____，他已预感到他的_____，他的_____，恐怕都会白白地_____了，如同_____的许多有志之士一样。

_____的时代，_____的命运，加上大约是与生俱来而_____的身体，共同联手制造了李贺的_____。李贺生当中唐，内有藩（fān）镇_____、宦（huàn）官_____，外有吐蕃（bō）东侵、南诏（zhào）北扰（rǎo），正值_____之日，国家_____。

…………

从古到今，官运亨（hēng）通而_____的究竟曾有几人？如果李白供奉翰林后从此_____，如果杜甫献三大礼赋后_____，他们后来的作品怎么能_____，诗成_____？对于一个民族，值得_____的不是帝王的陵（líng）寝（qǐn），将相的_____，官员的_____，富豪的_____，而是_____的文化和_____的文学的星斗。对于一位真正的诗人，世俗的荣华富贵如同_____，只有诗章_____于后世，才是永恒的_____与_____。一千年后，和李贺同时的_____将相、_____贵人、_____巨贾（gǔ）都到哪里去了？一抔（póu）_____，蔓（màn）草_____，长满霉苔的名字只能到_____的史册中去翻寻，往日的_____、气焰熏天，顶多只剩下墓前_____的石人石马的_____。而李贺，他扩大了唐诗的_____，成为自己的国土的_____，他的洗尽俗调、_____的诗歌，至今仍然活在众生的心中和_____的记忆里。

三、课堂教学

用于课堂教学的课件内容，也就是投映到屏幕上的内容，从自学材料上选择一部分。

一提到_____诗人李贺，众人总不免要想到他_____时，那头曾和他_____的塞驴。

驴和李贺是什么关系？刚背过上面的句子，学生自然能不假思索地回答。

他为"马"反之复之地_____了23回，不是_____，而是_____。这在西方诗歌中未曾得见，在中国诗歌中似乎也是_____。

马和李贺是什么关系？朗读、背诵下面这首写马的诗，谈一谈你的理解。

> 此马非凡马，房星是本星。
> 向前敲瘦骨，犹自带铜声。

看作者对这首诗的理解：

李贺认为自己绝非_____。论家世，他是天潢贵胄，_____……论才情，他7岁能_____，文采与壮志_____的15岁，便以乐府歌诗_____，韩愈和皇甫湜闻名联袂造访。

从哪句诗看出李贺认为自己绝非凡俗之辈？

如此_____觉通于_____觉与_____觉的_____妙句，其所表现的_____，令我们_____仍宛然可想。李贺为什么如此热衷于_____马并以马自_____？

"视觉通于触觉与听觉的通感妙句"指的是哪句诗？我们通过视觉、听觉、触觉了解到马的什么特点？

他_____地自认他瘦弱的双肩，也应该承担_____的重任，何况_____了儒家传统教育的读书人，更以为_____，_____，不能不管人间的_____和家国的_____。

李贺为什么把自己当成骏马？濡染了儒家传统教育的读书人认为自己应该承担什么重任？

对这个问题，有的学生照本宣科：

天下兴亡，匹夫有责。/要管人间的沧桑和家国的盛衰。/要建功立业实现人生价值。

有的学生用以前学过的名句回答：

士不可以不弘毅，任重而道远。/以国事为己事，以国权为己权，以国耻为己耻，以国荣为己荣。/先天下之忧而忧，后天下之乐而乐。/君子之立志也，有民胞物与之量，有内圣外王之业，而后不忝（tiǎn）于父母之所生，不愧为天地之完人。/为天地立心，为生民立命，为往圣继绝学，为万世开太平。/穷则独善其身，达则兼善天下。

学到这里，掀起一个回答问题的高潮，回答问题的学生不用老师指名，此起彼伏地抢答，这都归功于以前的积累。

我们看下面三首诗是不是蕴含着李贺的远大志向？

大漠沙如雪，	催榜渡乌江，	不从桓公猎，
燕山月似钩。	神骓泣西风。	何能伏虎威。
何当金络脑，	君王今解剑，	一朝沟陇出，
快走踏清秋。	何处逐英雄？	看取拂云飞。

朗读、解释这三首诗后，我提问：这三首诗，无论是在大漠燕山中驰骋，还是期盼遇到项羽、桓公那样的明君，都表达了诗人怎样的志向？学生很自然地答出：建功立业。看作者的理解：

他羸弱的胸中容纳的是天下和_____，在煎熬汤药的炉火之旁，他怀的是驰骋沙场、_____的梦想。

学生诵读。再学一首诗：

龙脊贴连钱，银蹄白踏烟。
无人织锦韂，谁为铸金鞭？

读读背背之后，看作者对这首诗的理解：

壮志凌云而年轻多病的李贺，_____分外强烈，对时间特别_____，他多用"白"字，是否又表现了他对时间的_____和对生命的_____？

诗中哪里写"白"字？学生读"银蹄白踏烟"。

"无人""谁为"的有疑而问，透露了李贺内心深处如同寒冬一样的＿＿＿与＿＿＿，他已预感到他的＿＿＿，他的＿＿＿，恐怕都会白白地了＿＿＿，如同＿＿＿的许多有志之士一样。

这句话解释了哪句诗？学生读"无人织锦韂，谁为铸金鞭？"李贺的天生我材，李贺的壮怀热血，是不是真的付诸东流了呢？我们来看真实的情况：

＿＿＿的时代，＿＿＿的命运，加上大约是与生俱来而＿＿＿的身体，共同联手制造了李贺的＿＿＿。

别无选择的时代是什么时代？诡不可测的命运是什么命运？这两个问题的答案就在文章中：

> 内有藩镇割据、宦官弄权，外有吐蕃东侵、南诏北扰，正值内忧外患之日，国家多事之秋。
>
> 因父名"晋肃"，嫉妒排挤他的人交相攻击，认为"晋""进"同音犯讳，不能参加进士考试，即使仗义而爱才的韩愈为他写了篇《讳辨》，也无法改变他的命运。

一心报国的李贺终究无法实现自己建功立业的人生理想。你知道历史上还有哪些人怀才不遇吗？

从古到今，官运亨通而＿＿＿的究竟曾有几人？如果李白供奉翰林后从此＿＿＿，如果杜甫献三大礼赋后＿＿＿，他们后来的作品怎么能＿＿＿，诗成＿＿＿？

像怀才不遇的李贺、壮志未酬的李白、穷困潦倒的杜甫……你希望他们是官运亨通生活幸福呢，还是历经坎坷文章不朽？

当这一节课就要结束时，我提出这个问题，学生们就刹不住车了，因为他们在这本书中刚刚"认识"了王昌龄、李白、杜甫；因为他们之前从

三本书上学了200多首宋词,"认识"了很多词人。于是,他们开始妙语连珠,纵论天下:

我希望杜甫实现他"安得广厦千万间,大庇天下寒士俱欢颜"的理想,而不是"让贫穷让饥饿让病痛让屈辱,让夏天的溽暑冬日的严寒一起来煎熬他的暮年"。

李白在盛唐痛苦地走一回,他正是因为壮志未酬才使得文章不朽,否则只能写《清平调》那样的吹捧文章。

因为这是一节公开课,我才会适当地设计"濡染了儒家传统教育的读书人认为自己应该承担什么重任?""你希望他们是官运亨通生活幸福呢,还是历经坎坷文章不朽?"这样的发散性问题,让听课的老师看到"海量阅读"的效果。但在"家常课"上,我还是会把学生的精力集中到朗读、背诵上,不会用这么长的时间让学生发言。

5

二教《中华上下五千年》

2004—2005年，我的第一届"海量阅读"实验班的学生用一年的时间学习了《中华上下五千年》。7年后（2006年、2007年都教一年级），2012年，我的第二届"海量阅读"实验班的学生上五年级时阅读同一版本的《中华上下五千年》，仅用了不到4个月的时间。第二届学生之所以学习的时间更短了，学习的效率更高了，是因为老师把握教材的能力提升了。

一、第一次教学《中华上下五千年》

2004年6月，李希贵局长来到青年路小学调研，他问我："你的学生已经学完小学课本了，上高年级后学什么呢？"我回答说："我可以给学生借初中语文、地理、历史课本，按我们的学习速度，两年时间能学完初中这三科教材，学生可能得不了高分，但考70分左右是没问题的。"李局长说："什么年龄读什么书，不要提前读中学课本，可以读《中华上下五千年》。"这样，我就开始了《中华上下五千年》的教学。在学《中华上下五千年》的过程中，我指导学生学习了一些文言文，发现学历史为学文言文开辟了一条康庄大道。有了这60多万字的《中华上下五千年》垫底，学生理解文言文变得轻而易举。

◎ 浮光掠影　回头再读 ◎

我们读的《中华上下五千年》分为上、中、下篇，共271个故事，每个故事前面附有一段引文，多是选自《史记》《资治通鉴》中的一小段文言文。尽管我买了大量的书苦读，但在学习过程中，我还是遇到了当老师最尴尬的事：《中华上下五千年》中的文言引文没有译文，而且存在不少印刷错误，书中许多文言词句的意思、字音无从查证，而我个人对文言知识知之甚少，除了上学时在课本中学的那十几篇古文外，很少读古文。于是我们师徒见到"拦路虎"，略微一"过招"，只要一看难以"取胜"，就立即绕道而过。五年级上学期重点读白话故事，文言引文只能粗略地、不求甚解地学习，自然学习的速度较快，半年时间，我们就粗略地学完271篇。这时，我们师生发现，当时搞不懂的地方竟"无师自通"了——给学生一篇陌生的文言文，全班每个学生都能比较流利地读出来，并能解释大体意思。下学期我们有了"深钻"文言引文的能力，于是又把这套书学习了第二遍。

我本来提倡学习语文不打"攻坚战"，学习《中华上下五千年》时的做法实在是无奈之举，没想到后来竟成了我惯用的手法、自觉的行动。有些问题我即使知道答案，也不急着告诉学生，让他们自己去读，去找。随着阅读和思考的深入，他们总有豁然开朗的那一天。离开了老师也能进行的学习，才是学习。作为老师，我要做的就是把大量思想、文字俱佳的文章放在学生面前，为他们"吞食"提供条件，"反刍"则是他们的本能行为。那种把每一句话都挖地三尺，把每一个词语都挖得冒出火星的精雕细刻式的备课、讲课方法我是不会采用的。让学生的目光集中在铅字上，让耳朵沉浸在书声里，让心灵和大脑震荡在感动和思维中，这才是一个语文老师最重要的责任所在。

◎ **探索求真　师生共进** ◎

老师对所学知识不精通当然不是好事，但我们在共同探讨的过程中，培养了学生的民主意识和求真观念。我们师生之间、同学之间平等相处，学生对教师只有师生情，没有敬畏感；教师对学生以诚相待，更多的是欣赏。在课堂上互相争论、思辨，分不清是教师教学生，还是学生教教师，课内与课外、教学与学习交织在一起，师生共同进步。

学习成语"解衣推食"时，我把成语的出处"解衣衣我，推食食我"映在屏幕上。部分学生读作"解衣（yī）衣（yī）我，推食（shí）食（shí）我"，几名学生马上站起来反驳，认为应当读作"解衣（yī）衣（yì）我，推食（shí）食（sì）我"，并且引经据典来印证自己的观点，还解释出了前后两个"衣""食"意义上的不同。我对于此类情况一般不急于下定论。说句实话，我有时候自己也并不十分了然。但没有关系，学生辩论好了，他们各自或者小组会去查询、求证、核实，直到弄清楚才罢休。师生经常在这样的氛围中教学与学习，不盲目崇拜权威，善于质疑，用证据说话，追求真理，成为我班典型的学风。

3月中旬，我们第二次学习《中华上下五千年》，读到战国七雄时，我突发奇想，翻开《古文观止》中的《过秦论》找几个学生朗读、解释。他们竟然解释得非常准确，这使视读文言为一大难事的我非常吃惊，也让我认识到，学生的潜力真的很大。我们的课堂上不但演绎着孔老夫子"教学相长"的古训，还呈现了韩愈"师不必贤于弟子"的教育观念。

魏书生老师说，他带领学生跑步是用公家的时间锻炼自己的身体。我也是自得其乐，用上课的时间读课本以外的书，还有一群不用付钱的"小老师"在天天指导我，做这样的老师倒也其乐融融！

◎ 读史学文　一举两得 ◎

我忘不了自己是语文老师，所以总会在阅读历史故事的过程中学习语文。我的主要办法是通过多媒体出示一些练习，以丰富学生的语文和历史知识。

以学习《中华上下五千年》中的《晁错削地招祸患》为例：

汉高祖分封的同姓王到景帝时发展得像皇帝一样富有，他们目中_____，狂妄_____，特别是吴王刘濞竟然_____得从来不到长安朝拜景帝。景帝推行_____的政策，任用_____的晁错。

上面的片段是本文第一段的几句话。让学生明确汉景帝时发生"七国之乱"的原因，从而把历史事件记扎实。

官员贾谊写《治安策》给文帝，文中说："高祖封的诸侯已严重威胁中央政权，那种认为天下太平的人就好像'抱火厝之积薪之下，而寝其上'。"

厝火积薪：潜伏着极大的危险。厝：放置。

上面讲述的是"厝火积薪"这个成语的来历和意思，与《中华上下五千年》中晁错的故事有关。

晁错让景帝削弱诸侯的势力，诸侯说："'舐糠及米'，这样下去，我们的利益都会失去。"

舐糠及米：比喻由表及里地逐步侵入。

上面讲述的是"舐糠及米"这个成语的来历和意思，与《中华上下五千年》中晁错的故事有关。

晁错身穿什么衣服？被处死在哪里？

东市朝衣：比喻大臣无辜被杀。

上面讲述的是"东市朝衣"这个成语的来历和意思，与《中华上下五千年》中晁错的故事有关。

除此之外，我还带领学生结合历史知识学习一些经典古文。如学完战国这一段历史，我领学生学习《过秦论》《六国论》；学完"安史之乱"一节后，我们师生一起学习杜甫的《茅屋为秋风所破歌》等。

我还下载选编了一部分古文，文中出现的易读错的字我都注了音。比如，"被（pī）明月兮珮宝璐（lù）""虽有（yòu）槁（gǎo）暴（pù）""君子生（xìng）非异也""所以动心忍性，曾（zēng）益其所不能"。但学生没有按注音读，更没有考虑意思。我责备学生不仔细看注音，读时又不动脑筋。批评几句之后，我想，指责学生也不能解决问题，关键不在学生身上，而是我们老师没有找到好办法。于是我做了如下改动："被（披）明月兮珮宝璐（lù）""虽有（又）槁（gǎo）暴（曝）""君子生（性）非异也""所以动心忍性，曾（增）益其所不能"。学习效果立竿见影。

拥有某种令学生赞赏、倾慕的真功夫、真本领，从而让学生自觉产生仿效欲望，并主动"从而师之"，是每个教师的追求。但我们如果不具备才高八斗、学富五车的才华也不要紧，古今中外的名师名作数不胜数，我把这些优秀作品推荐给学生,让他们"取法乎上"地阅读,我这个不懂诗也不会作诗的老师"麾下"竟也涌现了一批小诗人。

屈　原

刘若凡

残阳如血映身影,猿穴鸣啼伴君行。

昏君不识臣子忠,落得悔恨满腔胸。

汨罗叹息谁撷取?独守忠贞望月星。

世事浑浊谁知我?满腔热忱无处鸣。

过秦论

马光杰

秦欲虎口吞山河,重才用贤灭六国。

仁义不施天下乱,陈涉揭竿将其破。

欲建千秋万世业,不爱万民怎奈何?

说　唐

魏　榕

李渊建立唐王朝,太宗领导有新招。

国富民强天下平,唐与吐蕃议和亲。

文成远嫁天之角,吐蕃人民皆欢晓。

武后称帝国号改,建立周朝奠国基。

武后去世国动乱,睿宗李旦把位禅。

玄宗即位搞发展,心满意足不向前。

杨家有女名玉环,一日选在君王侧。

春宵苦短不早朝,终究兵变断情缘。

魏孝文帝

管　潇

大刀阔斧改革风,百姓安居乐业中。

汉人鲜卑速融合,民族团结文帝功。

上面的诗是孩子们学《中华上下五千年》时写下的感想。请无限地相信书籍的力量吧！

一代新人的成长，将受益于千古美文的文学滋养——"天下为公"的理念；"宁为玉碎，不为瓦全"的风骨；"先天下之忧而忧，后天下之乐而乐"的胸怀；"富贵不能淫，贫贱不能移，威武不能屈"的操守；"位卑未敢忘忧国"的精神；"无为而无不为"的智慧；"己所不欲，勿施于人""己欲立而立人，己欲达而达人"的道德原则……这一切，都将成为新一代中国人重建人生信念的重要精神资源。

——中国青基会社区与文化委员会主任陈越光

陈越光先生阐述了经典对陶冶青少年情操的作用。我的学生在学习《中华上下五千年》的过程中也受到了深刻的爱国主义教育，欲亡其国，先亡其史，斯言善哉，闻者足戒。这部沧桑的历史，浓缩了中国几千年丰厚的文化积淀，抒写了多少悲壮和雄奇。屈原、苏武、司马迁、范仲淹、陆游、辛弃疾等人伟岸的形象立在了学生头脑中，爱国主义教育及对中国古典文化的热爱之情无声无息地潜入学生内心。看看学生写的感想，你就会感受到文化人的力量。我的学生诵读了无数的爱国诗篇，他们心中屹立起无数华夏儿女的高大形象，他们能不热爱伟大的祖国吗？他们爱得能不深沉吗？

二、第二次教学《中华上下五千年》

在第二次教《中华上下五千年》之前，我再次校对、修改了古文的注音、注解。这个工作在2005年教上一届学生时已做过一次，当时我把注音、注解写在了书上。当年暑假我把它们输入了电脑，费了不知多少光阴，查了不知多少次《古代汉语词典》，但还是有许多古文的意思不明确，所以在全班集体学习之前还要再次订正。尽管如此，一想到我的辛苦付出会为孩子们的学习提供方便，我就干劲十足。

魏人范雎做秦相

范雎者，魏人也，字叔……须贾为魏昭王使于齐，范雎从。……齐襄王闻睢辩口，乃使人赐睢金十斤及牛酒，睢辞（推辞，不接受）谢（谢绝，拒绝）不敢受……魏齐大怒，使舍人笞（chī，用竹板或荆条打人）击睢。……范睢既（已经）相（xiàng，辅佐）秦，秦号曰张禄，而魏不知，以为范睢已死久矣。魏闻秦且东伐韩、魏，魏使须贾于秦。

——《史记·卷七十九·范睢蔡泽列传第十九》

一篇又一篇这样编排的古文出现在我的电脑上。在集体学习之前，我把它们印发给了学生。

上一届是怎么教《中华上下五千年》的？尽管陶继新老师的文章在网上广泛流传，尽管在我 2009 年出版的《让孩子踏上阅读快车道》上有所描述，但我还是要重新确定教法。通过两个星期的思考、实践，我形成以下相对固定的教学模式：提前把重点词句写在黑板上，边指着黑板上的词语讲解历史故事，边领读重点词语，最后用黑板上的词造句来达到复习和检查的双重目的。

◎ **教师初探教学模式** ◎

如学习《秦始皇嬴政》一文，先从文中找出下列词语板书：

嬴政　功高盖世　励精图治　丞相王绾　郡县制　度量衡　焚书坑儒　禁锢　危崖边缘

老师指着板书的词语边领读边概括故事大意：

公元前 238 年，秦王嬴政亲政。他认为自己功高盖世，称始皇帝。秦始皇励精图治，解决了一系列诸侯割据时的弊病。丞相王绾（wǎn）劝谏秦始皇在离咸阳很远的燕、楚、齐三国封诸侯王，李斯建议在全国各地设立郡县。秦始皇决定废除奴隶社会的传统分封制，改用郡县制。他还统一了度量衡，派蒙恬率领大军抗击匈奴的侵略，并征召几十万各地民夫建造长城。

秦始皇为了巩固统治，下诏将除了医药、种植等书籍以外的书全部烧掉，并不准私下谈论这类书，否则满门抄斩。后来，秦始皇下令将 460 余名说他坏话的儒生全部活埋，一时间咸阳城内到处是焚书之火，埋人之坑，很快波及全国，这就是历史上有名的"焚书坑儒"。秦始皇想以严刑酷法禁锢人民的思想，反而激起民愤，把秦朝推向危崖边缘。

"嬴政、郡县制、度量衡、焚书坑儒"与历史故事关系密切，边讲边领读，起到了强调的作用。

"丞相王绾、禁锢"两个词中含有生字，领读时强调读音。

学习"功高盖世、励精图治、焚书坑儒、危崖边缘"这几个词时，要引导学生说出符合文中意思的句子。要求句子意思完整，语言精练。

比如，"秦始皇妄想通过焚书坑儒禁锢人民的思想"，有的学生还能联系《国人暴动》，说："秦始皇不懂'防民之口，甚于防川'的道理，通过焚书坑儒加速了秦朝的灭亡。"

这个造句练习，可以训练学生的概括能力，检查学生的预习、听讲情况。

教法基本确定了，但我总感觉不满意，因为学生不如学习唐诗、宋词时那样发言广。学习唐诗、宋词时，学生能七嘴八舌地谈各自的理解，谈以前学过的与此相关的诗词，场面非常热烈。而学《中华上下五千年》时，学生的回答基本禁锢在书本的范围内，即使有的孩子知道这本书之外的历史故事，也是一人讲，众人听，无法形成众说纷纭的局面。我还有一点儿烦恼，就是每次上课前都要板书大量的词语，没有足够的时间写不完。如果上午第一节课上语文尚且有时间提前板书，如果第二节课上语文，短短的课间10分钟根本来不及做课前准备。教室里的电视屏幕不但面积小，而且在黑板上方，位置太高，想指着领读很不方便。

带着这些烦恼，我来到了成都。罗义蘋带我逛金沙遗址，吃火锅，跟我手拉手、头对头地东拉西扯，谈得最多的当然是各自的学生。义蘋爱说："实行海量阅读，我的学生可不得了，我这老师当得可轻松了，一人一课，都由学生备课、上课……"她那30个学生的故事一大筐，听她眉飞色舞地一一道来，我无限神往。

我一向过分勤快，从来没有让学生自己讲过课。这次感觉无论怎么讲也无法呈现精彩的课堂，于是我想能否也借鉴罗义藤老师的做法。这本书的备课很简单，只需要反复阅读故事，然后提炼概括即可，一般不需要查找资料，我相信学生只要耐得下心来，都能成为优秀的"小老师"。于是，我决定这上、中、下三册271个历史故事就由学生以合作小组为单位来讲课。

◎ 学生探索教学模式 ◎

最初上台讲课的学生都很羞涩，他们急急忙忙地讲完历史故事就交差了。那些写在大纸上的词语还要我亲自出马领读三遍。轮到马一鸣小组上台当"老师"的时候，小马在讲解过程中领读了一个词，同学们像没有反应过来似的，有气无力地跟读了三遍。于是我逮着这个正面典型，大加表扬。从此以后我讲课的特点——不间断地让学生张开嘴巴出声读，就被弟子们发扬光大了。

这天早上第一节是语文课，若雅、婷婷在黑板上画了几个圆圈，擦擦画画地忙得不亦乐乎。上课时，漂亮的小姑娘指着《魏人范雎做秦相》的这段话念道：

张禄马上说："听说大王要派穰侯攻打齐国，齐国距离秦国甚远，就是能够收复齐国，恐怕也很难以此壮大秦国，而且中间还有韩国、魏国，想直接控制齐国很难，我认为大王应该改变作战方略，最好用'远交近攻'的方法。"

原来，她们要解释"远交近攻"，画图是为了便于说明哪个国家离秦国近，哪个国家离秦国远。我茅塞顿开，我们所阅读的《中华上下五千年》上没有地图，而我一向自鸣得意的语文、历史、地理"整合"的教法也难以实施。事实上，暑假时我就抱着女儿的初中历史教材和地图册研究怎么把小地图画成大地图；国庆节假期我还把办公室里的薄纸、大纸都抱回家，试图画一幅大地图，但无从下手。这么"复杂"的，我想了好几个月都没想明白的事，赵若雅"赵老师"在黑板上画几个圈，在圈里写上几个字就解决了。所以我在给家长的公开信中称赞若雅颇有"名师风范"。若雅的这一妙招在我不断地表扬强化过程中被同学们发扬光大。

《萧何月下追韩信》中讲道："项羽在灭秦之后不但不去完成一统天下的大业，反而将本来统一的中国分封给十八个诸侯国，自立为西楚霸王，把西楚的都城建于彭城，就是今江苏徐州市。"我问："同学们认为他应该把都城定在哪里？在项羽之前或之后那些有远见卓识的统治者在哪里定都？"学生七嘴八舌发言之后，我指指黑板上挂的中国地图，从盒子中抽出几张"十元钞票"诱惑着："谁能一手指徐州，一手指咸阳或长安的大体位置，这一把'钱'归谁。"韩佳俊同学飞奔上讲台，略略一看就指准大体位置。五年级小朋友对中国地图这么熟悉让我颇感意外，于是大发"真男人爱江山"的感慨，激发男学生的英雄气概，希望学生主动看地图，让文字和地图产生联系。一旦这些小子爱读书了，那班级就安稳了。以前有几个"小爷们"，我教哪本书，"小爷们"讨厌哪本书。但一学《中华上下五千年》，这些"小爷们"终于自觉看起书来。

"下一本书学什么？"

"小爷们"喊："《世界上下五千年》！"

"上下五千年，纵横数万里，男子汉都应该知道。"

郭葳蕤的小组讲第40课《李斯辅秦王》时补充了"仓鼠之志"等自学材料上没有的成语。李斯有治国之才，但他做出了帮助胡亥继位的大逆不道、祸国殃民之事，这与他的"仓鼠之志"关系密切。"郭老师"补充的这个成语使第40课与第45课《三人合谋篡王位》产生内在联系，也使我产生了灵感，学第45课时可以提问：与李斯相关的成语有哪些？这样的问题便于弟子们回家考倒家长，增加自信。

轮到宋佳怡的小组讲《荆轲刺秦王》了，小宋上台第一句话就说："今天请大家跟我一起走进公元前227年，探寻荆轲刺秦王的悲壮史实……"哇，《百家讲坛》听了不少，那可是大师风范，一听便让人感觉"宋教授"的学问很大啊。"燕国太子丹曾经在秦国做过人质，非常了解燕国若与秦国正面交锋，结果是以卵击石。"我赶紧搬起书来找，发现"以卵击石"这个词书上没有，那是"宋教授"的创造。"风萧萧兮易水寒，壮士一去兮不复还……"俺活了40多岁就只知道《易水歌》有这两句，今天又跟"宋教授"学了后面两句："探虎穴兮入蛟宫，仰天呼气兮成白虹。"小宋指着课前写在黑板上的词又是解释又是领读，俺可真跟着她长见识了。

为了让"宋教授"在课堂上展现她渊博的知识，家长给她买了一套200多元的《吴姐姐讲历史故事》。这套书实在很有吸引力，我和许多学生也如饥似渴地读了起来。课内读60多万字的《中华上下五千年》，课外读220多万字的《吴姐姐讲历史故事》，我们这种"课内外"结合的阅读，不仅使学生的阅读量猛增，还使学生的阅读水平明显提高。

轮到田欣怡小组讲《陈胜吴广揭竿而起》了，小田讲完后看了一眼贴在黑板上的大纸接着说："这就是著名的陈胜、吴广起义，下面我给大家讲一个陈胜起义之前的故事……"我一看，黑板的大字中间有几行小字，具体是什么字一个也看不清。我联想到自己做的投影上也有很小很小的字，那是提示自己的话，以免"卡壳"。这一点虽然不值得提倡，但足以看得出小朋友的智慧无穷啊。

周一，丁乐腾将刚从网上购买到的《史记》拿在我眼前晃了晃，于是教室里又响起了小丁读古文的声音，这声音可真赛过任何美妙的音乐。我一向讨厌声音，在家不开电视，不听音乐。唯有学生读书的声音，无论多么嘈杂，传到我耳朵里，我都觉得它如天籁般悦耳。轮到小丁的小组讲课，小丁同学给大家念了《史记》中一长段完整的文字。说实话，不看着字，只听声音，有些地方我也没有听懂，但能感觉出小丁停顿得恰当。什么叫语感？就是听得多了，念得多了，对文章的感觉就有了。如何停顿（古代叫"句读 dòu"），就是凭着感觉就能读正确。只要学生上课跟着念，能达到"合格"要求（参看下文"达标要求"）就能有收获。

下课时，我正在往墙上贴孙陶从家里带来的中国地图，文睿凑过来说："我正在和杜金慧研究丝绸之路。"瞧瞧我的学生，"正在研究"，多么有气势的语言，说不准将来文睿真的"研究"出什么，我期盼着。文睿边说边伸手从兰州画到印度。"宝贝，张骞走的不是直线。这儿有地图册，对着书上的文字再找一找路线。"我晃了晃初中地图册，又在教室后面墙上贴了一排放大的地图。各科知识如果能融会贯通，那孩子们学习的劲头会多足啊！有弟子如此，做教师多幸福！

学生在以小组合作的形式讲课的过程中不断积累经验，慢慢地确定了基本的教学模式：

第一个组员讲解故事，边讲边领读重点词语。

第二个组员专门领读词语（这是最简单的活儿）。

第三、第四个组员合作，一个学生念一部分古文，另一个学生做相应的解释。解读完之后，再由其中一个学生把本课的古文完整地领读一遍，全班齐读三遍。在全班齐读的过程中，下一个小组上台做准备。老师用下列表格给每个小组的授课情况打一个分数。为了取得高分，他们会在讲课前用心准备。比如，为了得到"换人"这一项的分数，小组四个人会轮流上台承担最艰巨的工作——讲故事。为了使小组中较弱的孩子讲好故事，他们会集体备课，一对一、二对一、三对一地教那个孩子。这种学习的效果是全班集体教学无法达到的。

组	故事3	古文1	解释2
板书2	大声4	换人1	奖罚

每开始学一本书时，我都会把学习方法、达标标准告诉学生和家长；每学完一本书，都会把检查结果反馈给家长。

附：《中华上下五千年》达标要求

学习《中华上下五千年》想达到两个目的：一是继续诵读白话文，积累语文和历史知识；二是学习文言文。

正常进度为每天四课。上册预计一个月学完，我倡导学生一次通过整本书古文和口头填空的检查，这样老师轻松，学生要反复复习，才能把整本书的内容记住。弱一些的孩子在学到24、53、84课时，分三次检查。

检查次数越少得到的奖励越多。

1.《中华上下五千年》每天固定作业

预习：每天预习四课，读故事、猜测古文大意。

复习：给家长讲解当天所学的故事，朗读并讲解古文。

2. 达标标准

合格：按时完成预习、复习作业。在书上画出填空题。

一星★：正确朗读古文、填空题，知道故事大意。

二星★★：速读古文，解释大意，基本能背诵口头填空题，检查时可以忘记少部分。

三星★★★：速读古文，解释大意，并解释字义，熟练背诵填空题。

◎ 改编《中华上下五千年》◎

在引导小学生"海量阅读"的过程中，我发现市面上很少有适合师生在课堂上共同阅读的书，比如这套《中华上下五千年》就存在很多问题：古文没有注音、注解，学生朗读、理解起来有一定困难；古文和白话文故事不完全相符，有些文言文的意思在白话文故事中找不到译文，造成学生理解困难。还有一个问题是我一贯重视的，就是要让学生学有所得，一定要注重背诵积累，所以要求白话文故事写得要有文采，但这套书的故事显然过于平铺直叙。所以，我跟朋友重新创作了《中华上下五千年》，让文言文翻译镶嵌在白话文中，并设计口头填空题、古文自测等练习。为了让学生更好地理解古文，我有幸请到我的朋友、古诗词吟诵专家陈琴的优秀弟子彭弘，录制了歌诀体古文音频，送给广大读者。这样改编之后，不用老师教，学生也能自学。课堂上，小组轮流讲课，老师只负责评判、引导。

下面是新编《中华上下五千年》上册中的一篇：

贯一仁周游列国，订六经垂范千秋

孔子病，子贡请见。孔子方负（依恃，凭仗）仗逍遥于门，曰："赐，汝来何其晚也？"孔子因叹，歌曰："太山（指泰山）坏乎！梁柱摧（cuī，破坏，折断）乎！哲人萎（wěi，干枯衰落，引申指病危）乎！"

——《史记·孔子世家》

孔子，名丘，字仲尼，出生于鲁国陬邑（今山东曲阜东南，陬zōu），思想家，教育家。

孔子曾简单地总结自己的一生。

他说："我十五岁时，始有志于学。到三十岁，便能坚定自立。到四十岁，遇事通达不再有疑惑。到五十岁，能够知道何为天命。到六十岁，凡我听到的，都能明白贯通，不再感到心有违逆。到了七十岁，我放任心中所欲，却不会有逾（yú）越规矩的地方。"

且让我们沿着这一脉络，浮光掠影地认识一下他。

孔子早年生活困苦。在他三岁时，父亲便已去世。之后，他随母亲居住在山东曲阜。幼年时，他对古礼表现出极大兴趣，经常在和伙伴们嬉戏时，将玩具作为祭器陈列摆放，并模仿成人模样祭天祭祖。待年龄稍长，他便致力于学习，精通当时君子须掌握的六艺，即礼仪、音乐、射箭、驾车、书写、计算。随着他声名渐起，有很多人不远千里来拜他为师，学习传统文化。孔子来者不拒，并说："我教诲人从未觉得疲倦。"相传孔丘一生之中有弟子三千，其中尤为著名的则有七十二位。

待到中年，孔子确立起自己的政治见解和理想。他十分推崇西周之初，由周公制定的那套君臣上下的礼乐制度，认为尽善尽美。因而，他终其一生的理想，便是再现当时盛况。但在那个逐渐礼崩乐坏的春秋时期，这无疑是不可能的。因而，孔子怀揣（chuāi）着他的政治理想，就那样不合时宜地四处碰壁。

虽不能实现理想，孔子却始终百折不回。在五十五岁时，他开始了长达十余年的漫游，周游列国，去实现他的政治理想。孔子就那样带着弟子们，坐着牛车，风尘仆仆，一路向西，兜（dōu）转于卫国、曹国、宋国、郑国、陈国、蔡国之间，不厌其烦地向君王们宣扬他的治国理念，但彼时，各诸侯国都忙于攻城略（抢，掠夺）地。他们喜欢能够迅速富强壮大的见解，而孔子的那些治国理念在他们眼中显得迂腐，且需要漫长时日才能实现。因此，无人采纳孔子的政治见解，更谈不上重用他。

周游列国之路，孔子经历诸多挫（cuò）折。他曾经在陈国、蔡国之间断粮，数日不曾进食，又曾经被误认作坏人困于匡（kuāng）国。孔子一心为天下苍生谋幸福，不但得不到君王的重用，甚至连一些隐士也不理解他。曾有一位隐士楚狂接舆（yú），跑过孔子乘坐的车，唱道："凤啊，凤啊，你的德行为何衰退了呢？过往之事无法挽回，但未来之事犹能做好。算了吧，算了吧！如今的当政者皆危殆，不足与有为。"他是在用歌声规劝孔子，不要在这污浊尘世中挣扎，而要洁身自好，隐居不出。但孔子的心愿是为了使天下重归正途，让老者能够安居，朋友互相信任，幼童有人关怀。他颇为感叹地说："若天下有道，我也不至于如此颠沛（pèi）流离。"但他的叹息无人理会，他的理想无人欣赏。就这样，孔子虽满腹才华，却不被重用；虽周游列国，却一无所获；虽奔波劳苦，却不被人理解。

待到晚年，孔子不得不拖着疲惫的身躯，回到鲁国。在生命的最后时光，他将精力用于教育弟子和整理文化典籍上。他整理修订了古籍《周易》《礼记》《乐经》《尚书》《诗经》，编订了史书《春秋》，这些典籍为世人提供了一片繁茂精深的精神栖息地。

一代宗师孔子的晚年，不能不说有些凄凉。他唯一的儿子孔鲤去世了，他最钟爱的弟子颜渊英年早逝，他最亲近的弟子子路在卫国被杀了，而他的身体亦渐渐变得衰弱。公元前479年某个春日的清晨，子贡前去探望孔子，发觉他负手拖杖，徘徊在门前。远远地，子贡听到孔子唱道："泰山要崩塌了吧？梁木要腐朽了吧？哲人要陨落了吧？"日光清凉，细密地落在孔子的白发和衣衫上，他的声音有些哀伤，面容却显得肃穆而高洁。子贡听到歌声，忍不住自语："若泰山崩塌，那么我们将仰望什么呢？若梁木朽坏，哲人陨落，那么我们将仿效谁呢？夫子大概要病了吧？"

果然，此后不久，孔子便与世长辞，时年七十三岁。

孔子生前遭遇种种挫折，理想得不到实现，但他构建的以"仁"为核心的儒家思想体系，却得到永久流传，润泽世人无数。

有人如此评价孔子：天不生仲尼，万古如长夜。意思是说：若无孔子智慧的照耀，漫长的历史将黑暗如夜。因为有了孔子，中国人才早早走出了巫术文化，走入文明。司马迁在《史记》中对他的推崇则更为明显。他说："高山仰止，景行行止。虽不能至，然心向往之。"意思是说：孔子品德高尚，言行举止充满智慧，宛若巍巍高山，令人仰慕，又如通天大道，使人遵循。我虽然不能抵达这样的境界，但心里充满向往。司马迁满怀感情地比较：天底下的帝王以及贤能的人很多，都是生前显赫一时，死后就渐渐被世人遗忘。唯独孔子，虽是一介布衣，却能光照后世，学者依然崇拜他。

的确，在中国历史长河中，孔子宛若一座巍峨山峰，再也难以有人逾越。

自测的练习有口头填空和填写成语，示例：

1. 口头填空

孔子的梦想，便是再现西周的礼乐制度。但在_____的春秋时期，他只能_____地四处碰壁。他虽_____，却不得重用；虽周游列国，却_____；虽_____，却无人理解。

孔子晚年整理的文化典籍为世人提供一片的精神栖息地。

2. 填写成语，并在文中找到出处

(   )：人在三十岁左右开始成熟，可以自立，有所成就。也作而立之年。

(   )：四十岁的代称。年龄已到意志坚定、学识广博的阶段，是不会被世事所迷惑的。

(   )：指人到六十岁时，便可从别人的言语中辨别是非真假，理解其中的深刻含义。

(   )：尊重老人，使其安逸；关怀年轻人，使其信服。

(   )：活着受人尊敬，死后有人哀悼。指为世人所尊崇爱戴，不因生死而不同。常用以称誉生前有卓越贡献的死者。

6

按历史顺序学习成语

一、为了学生沉思静读

我引以为豪的最大本事是选书，有家长评价："韩老师选书的眼光相当厉害，但进了服装店眼神就不怎么的了。可能把选衣服的本事全用到选书上了。"家长开玩笑的口气中是不是透着庆幸？老师会选书对学生的成长有利嘛。但适合在课堂上共同阅读的书实在很难遇上。比如，全注音的读物字数少，同样花10元钱，读到的内容比非注音读物少很多；而非注音读物呢，一个字也不注音，不利于流畅地阅读。阅读过程中遇到生字，主动查字典的是少数人，遇到似是而非的字，大人孩子都喜欢瞎蒙，意思能蒙对，读音却不容易蒙对。再比如，市面上常见的成语故事，内容缺乏趣味。因为小孩子的头脑中时空概念很模糊，那些曲折的历史情节、复杂的历史人物，小孩子并不容易搞懂，所以对那些出自历史的成语故事，他们并不觉得有趣。但成语是应该尽量在小学阶段多学一些的，学习语言年龄越小越好。这个矛盾如何解决？文言文也应该在小学阶段大量"不求甚解"地接触，尽早形成对文言文的"语感"。基于这样的考虑，我选了一套带文言引文的《中华上下五千年》和《成语故事》来给学生阅读。因为小孩子喜欢故事，通过故事学文言，在一定程度上降低了学习的难度。但那两套书的文言引文和故事并不是对应的，文言的意思不能通过自己读故事来学会，还需要老师讲解，这就没法达到让学生"沉思静读、自求博取"的目的。

面对学生读物的种种让我不满意的状况，我决心编写《读历史 学成语》。编写这套书的想法是从2005年教学《中华上下五千年》时产生的，当时积累了一些与《中华上下五千年》故事相关的成语。2010年春节前，我的10位同事自愿报名按我的要求补充素材。有的章节，我亲自撰写修改，有的章节是"逼"着同事反复修改好的。这是我的第一套原创书，是方便老师教，便于学生学文言文的书。

这套书给部分字注了音，我们对小学高年级学生可能读不准的字，进行了注音。因为内容是与历史相关的成语故事和文言文，有些字音，我和同事们也搞不懂。我和两位大学中文系毕业，又教过中学语文的同事王欣香、臧运红利用两个暑假的时间，反复查证。

这套书每章分为"历史概述""相关成语""成语故事""成语运用"四个部分。

"历史概述"文字简洁，力求让读者以最少的阅读时间搞懂历史脉络。

"相关成语"也是占用最经济的篇幅和最少的阅读时间，让学生从中学到大量的成语。排版方式便于自测，学生用书签遮盖左边的成语条目，看着右边的解释就可以反复记忆这些成语。市面上所有的读物，没有一本是这样编排的。即使看起来再奇怪，我也要坚持这样做，因为我的50多个学生读这样编排的书稿最高效。这样的编排最利于学生自学，最方便老师检查。学生在很短的时间内可以读到大量的成语，老师一句话不用说，完全让学生自学即可。学生自学半天，老师只用几分钟时间抽查几个成语就知道学生是不是已经掌握了。

下面是第一单元《远古》部分的"相关成语"：

1. 开天辟地：古代神话中盘古氏开辟天地，创立世界，开始有人类历史。比喻前所未有，有史以来第一次。辟：开辟。
2. 补天浴日：太阳女神的十个儿子每天轮流值班，女神常带儿子们洗澡，把太阳洗得明明亮亮的。"女娲补天"与"羲和浴日"两个神话组成这个成语。后用来比喻人有战胜自然的能力，也比喻极大的功勋（xūn）。

3. 三过家门而不入：禹为了治理洪水，三次经过家门而没有进去。比喻因公忘私的高尚行为。

4. 洗耳恭听：许由嫌尧让他当官是侮辱了他，于是到河边洗耳朵。现在形容专心而恭敬地听。常用作请人讲话的客气话。

5. 己饥己溺：孟子说"稷（jì，谷神）和禹想到天下还有挨饿、落水的人，就当作是自己挨饿、落水，尽力去解救"。比喻对别人的痛苦感同身受，并把解除别人的痛苦当作自己的责任。

书中的"成语故事"单从趣味性上讲，内容一般。我不是作家，没有写作的才华，也没有太多时间去雕刻，所以故事写得不够精彩。但我把文言文的解释都蕴含在了故事中，尽量直译，不用老师教，孩子就能在故事中找到译文。做到这一点不容易，我和欣香、运红下了很大功夫。书中存在不足，但编写过程中，我们一心为老师的教、学生的学着想。

我是一个勤奋过度的老师，勤奋得有些偏执，但勤奋中蕴含着"偷懒"的心态。文言文在故事中直译，就是为了教学时"偷懒"——不用老师教，学生完全能自学，更便于老师检查。"懒孩子""慢孩子"把译文找出来画上线，然后读熟即可；勤奋的学生把文言文遮盖起来，看着译文背诵原文。

"成语运用"是这套书的又一精华部分。大约每十个成语组成一组应用的例子，通过"不求甚解、强化朗读"方法加上运用"排除法"，学生们个个能体会到运用的快乐。还是以《远古》部分的"成语运用"内容为例：

成语运用

1. 他在这里备受尊敬，所以当他开口说话时，人们总是_____。
2. 政府官员具有的_____精神，才会自觉关心群众的疾苦。
3. 我们乡里办图书馆_____，这是头一回。
4. 老张一心扑在工作上，都赶上_____的古代圣贤了。

"成语运用"和前面的"相关成语"的顺序并不一致,这方便学生自己动脑筋思考。

二、《读历史 学成语》基本教学方法

这套书成语含量很大,阅读时有一定困难。集体教学的首要任务是"读准",把成语、古文读正确,课堂上要反复领读,老师、学生领读都可以,力求每个学生都能正确朗读;然后才是"理解",理解主要靠学生自己通过反复研究阅读完成;在学生自己理解的基础上,老师再带领学生"讨论"。后面所附的两个教案、一个课堂实录,都是我的同事在达成"读准""理解"两个目标的前提下进行的第三步教学:讨论。第三步教学对老师要求高,最能体现老师的学问,最具有观赏性,很适合上公开课。但第三步教学如果省略掉,学生没有太大损失。如果前两个目标没有达成,学生就失去了一次提高阅读能力的机会。达成前两个目标,对老师来说,不需要多大的学问,只需要在全班学生读一读的基础上落实每一个学生的达标情况即可,老师能起到督促检查的作用即可。

◎ **星级达标标准** ◎

学生拿到书,首先应明确达标标准。

无论成绩好坏,全班学生一起在课堂上"海量阅读",这是我们崇拜的教育家苏霍姆林斯基推崇的教育理念。因为一个班几十个学生的能力有差别,勤奋程度也不一样,所以假如要做到全班阅读速度统一,就须制订不同的达标标准。这套书的达标标准是:

一星标准★:

读熟书中的文字即可。"历史概述""相关成语""成语故事"都要读熟。

在"成语故事"中画出文言文的译文。

在"成语运用"中填写答案,读熟句子。

二星标准★★:

"历史概述":读熟。

"相关成语"：遮盖左边的成语，看着意思能说出成语。

"成语故事"：能读熟古文，遮盖故事中的译文，能解释古文。

"成语运用"：能看着前面的"相关成语"说出答案。

三星标准★★★：

"历史概述"：读熟。

"相关成语"：遮盖左边的成语，看着意思能说出成语。

"成语故事"：看着古文能解释意思，看着意思能背诵古文。

"成语运用"：能直接说出答案，不参考"相关成语"。

◎ 课堂教学 ◎

四人合作小组轮流上讲台讲课，老师站在讲台一侧，倾听、追问、评判。没有经过训练的班级可以由老师先示范几次，然后再由学生当"小老师"上台讲。合作小组四个人一起当"小老师"比学生一个一个上台当"小老师"更能保证教学的效果，因为合作小组的成员在备课时会互帮互学。

1. 历史概述

由一个或两个"小老师"轮流读一遍。每读完一段，把需要强调的词领读一遍，全班学生齐声跟读三遍。哪些是需要强调的词呢？一是生词，二是段落中的重点词。如《远古》的最后一段，我们领读"禅让"。读完问学生：

舜让位大禹，后人把这种让贤行为称为什么？

2. 相关成语

"相关成语"中的成语，"小老师"全都领读一遍，全班齐读三遍。"小老师"可以选择部分生疏易错的成语重点领读。比如《春秋》部分：

"宁戚饭牛"中的"宁"读"nìng"，姓氏读四声。

成语解释由学生自己阅读，不需要上课一起读。"小老师"一次领读一页中的成语，不要一个词一个词地读，那样太费时间。领读完一页或两页可以提问题。比如《春秋》部分，大约读到 A 组"风马牛不相及"的时候提问："与春秋五霸之一的齐桓公相关的成语有哪些？"读完最后两组时，请学生一起谈论"吴越之争"的历史。

3. 成语故事

"成语故事"主要由学生自己阅读，上课集体学习的只是文言文。讲台上两个学生当"小老师"，"小老师"甲领读文言文，全班学生跟读一遍文言文；"小老师"乙读解释，全班读文言文。还是以《远古》为例，"小老师"乙读"成语故事"中的译文：

禹哀痛父亲鲧治水无功被杀，因此劳身苦思，在外十三年，经过自己家门也不敢进。

全班学生齐读相对应的文言文：

禹伤先人父鲧（Gǔn）功之不成受诛，乃劳身焦思，居外十三年，过家门不敢入。

"小老师"乙继续读"成语故事"中的译文：

禹虽然吃穿都很简朴，但对祖先神明的祭祀很丰厚尽礼。虽然自己居住的房屋很简陋，但不惜耗巨资致力于修渠挖沟等水利工程。

全班学生继续齐读相对应的文言文：

薄衣食，致孝于鬼神。卑宫室，致费于沟淢（xù，沟渠）。

这样读有点儿绕，主要是为了强化文言文的朗读。我们在编辑"成语故事"时，力求在故事中直译文言文。这样，文言文的解释不需要老师教，学生完全可以自学。但是朗读成语、文言文时，发音要准确，这是课堂集体教学的重点。汉语是母语教学，从生活中学习口语，不需要解释，在反复听说的过程中自然就能学会；从书本上学习书面语言，也要淡化解释，强化朗读。语文老师的责任，先是让学生发准音，至于理解，学生会在"海量阅读"的过程中无师自通。而且，"成语故事"中对文言文的直译，已经给小读者提供了一个不会说话的老师。

4. 成语运用

"成语运用"部分完全由学生自学，上课集体学习不安排这部分内容。这部分的二星、三星标准是一样的。很多学生在学习这本书时觉得这一部分最简单，会尝试先自己猜测答案，再看一下前面的"相关成语"，或后面的参考答案。他们说猜两遍就能记住答案。"成语运用"为阅读与写作搭建了一座桥梁，我们把时间用到这里，比用在单纯地进行作文训练上效率要高得多。

5. 复习

每节课的前20分钟，全班集体学习。后半节课和课外时间，学生自学。学完一个单元后进行总复习。总复习时老师把问题提前抛给学生，比如，《春秋》部分的问题是与春秋五霸相关的成语。上课复习时，先由两个学生分别在中国地图和黑板上贴上"齐、晋、楚、吴、越"的卡片，然后分别找出与齐桓公、晋文公、楚庄王、吴王、越王勾践相关的成语。回答完老师的问题之后，学生可以随意提问，全班学生自由回答。

至于单元复习时提什么问题，老师通读整个单元后，自然就能提出涵盖范围比较大的，有助于理清历史脉络的问题。比如复习《战国》部分，可以让学生找与战国七雄相关的成语；复习《秦》部分，可以让学生找与秦始皇、项羽、刘邦、刘邦的大臣相关的成语；复习《汉》部分，可以让学生分别找与汉高祖、汉文帝、汉景帝、汉武帝、西汉末年皇帝、东汉光武帝、东汉末年皇帝相关的成语……问题都不难提，老师略知历史，仔细阅读完每一个单元，就能提出恰当的问题。"课内海量阅读"教学的优点就在于师生在阅读中共同成长。上海闵行区第二实验小学的朱霞骏老师在带领学生共读这本书的过程中，对这本书的修改提了不少建设性的意见，学生也写了很多应用成语的句子，例如：

○一次我数学考试考得不好，看到考试成绩时，我整个人都呆若木鸡。回到家后，奶奶看到了我的成绩后，开始了她的"考后训话十分钟"。"你看你，对数学一窍不通，考成这样！"我央求道："奶奶，您就网开一面，这次就原谅我吧！我下次一定会考好！""你心里想的什么，我都洞若观火，你看看人家大数学家陈景润，每天夜以继日地苦学，多厉害呀！你要是有他一半勤奋，我也不会操那么多心了！"（陈珊琦）

○小雨偷了东西，还杀了人。被抓捕归案后，他向警察求饶，请他们

从宽处理，可事情已经<u>覆水难收</u>，他也只能被判死刑。（夏培培）

三、《读历史 学成语》教案、课堂实录

第三单元　春秋

吴越之争

中华上下五千年，凝成了灿烂的中华文化。成语正是这些人物和故事最凝练的写真。今天，我们就走进"吴越之争"，学习相关成语。

1. 相关韵文

周辙东，王纲坠，逞干戈，尚游说。始春秋，终战国，五霸强，七雄出！

——《三字经》

越王勾践（jiàn），辱国丧师。卧薪尝胆，报仇雪耻。

西施浣（huàn）纱，仙姿玉质。范蠡（lǐ）携（xié）美，五湖隐迹。

——《中华成语千句文》

读了与吴越相关的韵文之后，你对这段历史了解多少？

2. 相关成语（14个）

芦中托渡　因地制宜　封豕长蛇　心腹之患　除恶务尽　抉目悬门

沉鱼落雁　卧薪尝胆　生聚教训　旅进旅退　吴越同舟　鸟尽弓藏

兔死狗烹　螳螂捕蝉，黄雀在后　食不二味，居不重席

成语分类：上面的成语哪些是关于越王勾践的？哪些是关于范蠡和文种的？哪些是关于伍子胥的？

3. 成语故事（3个）

太史公司马迁说，春秋区区不足三百年间，"弑君三十六，亡国五十二，诸侯奔走不得保其社稷者，不可胜数"。现在我们就来看看越王勾践复国的故事。

卧薪尝胆

《史记·越王勾践世家》：越王勾践反国，乃苦身焦思，置胆于坐，坐卧即仰胆，饮食亦尝胆也。

…………

越王勾践归国后立志报仇雪恨，他睡觉只躺在柴草中，还在室内悬挂一个苦胆，坐卧时都能看到，每次吃饭前，都要去尝一尝胆的苦味……

小组讨论：找到成语故事中的译文。"越十年生聚，十年教训"，给你什么启示？

抉目悬门

《史记·伍子胥列传》：必树吾墓上以梓，令可以为器；而抉吾眼县（xuán，同"悬"）吴东门之上，以观越寇之入灭吴也。

…………

吴王听信谗言赐剑给伍子胥。伍子胥临死前，告诉他的门客说："一定要在我的墓上栽上梓树，用它作为我的棺材；挖掉我的眼睛悬挂在吴国的东门上，让我可以看到越国灭吴。"

…………

小组讨论：找到"成语故事"中的译文。学生补充想到的相关名言警句。

鸟尽弓藏，兔死狗烹

《史记·越王勾践世家》：蜚鸟尽，良弓藏；狡兔死，走狗烹。

…………

越国相国范蠡退隐江湖，给文种送来一封信："飞鸟打尽了，弹弓就被收藏起来；野兔捉光了，猎狗就被杀了煮来吃。"后来，勾践登门探望文种，临别留下刻有"属镂"二字的佩剑，文种只得引剑自尽……

小组讨论：找到"成语故事"中的译文。学生补充想到的相关名言警句。

总结：儒家提倡"穷则独善其身，达则兼济天下"，舍生取义历来为人们所推崇；而我认为功遂身退更是一种智慧。看来，知进和知退都是博大精深的中国文化。

4. 成语运用

那女孩有着_____的容貌。

破坏社会治安的少数坏分子，是人民群众的_____。

对待恶事应该_____，才能消除后患。

……

小结：春秋时期有许多大家耳熟能详的成语和故事，时至今日，那些流传至今的成语故事仍旧闪烁着灿烂的光芒。经过春秋风起云涌的争霸战争，大部分小国被兼并，最后形成战国七雄对峙的局面。欲知后事如何，请听下回分解。

（潍坊北海学校语文老师　臧运红）

第六单元　汉

西汉风云

（一）导入

同学们，今天咱们继续学习《读历史　学成语》西汉部分。

（二）整体感知

请同学们认真读"历史概述"，用简洁的语言概括西汉这段历史。

西汉，又称前汉，是中国古代的一个朝代，与东汉（又称后汉）合称汉朝，是中国第一个强盛稳固的朝代。西汉自刘邦称帝（公元前202年）起至王莽代汉（公元8年）止，共历12帝，210年。西汉是中国文化发展的一个高峰，社会经济、文化全面发展，对外交往日益频繁，成为当时世界上最强盛的国家之一。

西汉历史分为：

刘邦建国——吕后专权——文景之治——汉武盛世——昭宣中兴——西汉衰败

（三）学习历史和相关成语

1. 第一段历史

刘邦建国：论功行赏　　运筹帷幄　　群策群力　　羞与哙伍

萧规曹随　　成也萧何，败也萧何

高祖在位7年间，为了削弱异姓王侯的势力，先后剥夺韩信、英布、彭越等大将的兵权与封号，加强了中央集权统治。同时制定一系列的"与民休息"的政治方针，巩固了自己的统治，为强大的汉朝盛世奠定基础。

2. 第二段历史

吕后专权：见利忘义

前195年，高祖薨，传位惠帝刘盈，但此时政权实际已掌握在汉高皇后吕雉的手中。吕后前后共掌权十多年，是我国历史上为数不多的女统治者之一。她对刘家子弟赶尽杀绝，但对百姓，还是奉行"休养生息"政策。

3. 第三段历史

文景之治：厝火积薪　　投鼠忌器　　冯唐易老　　舐糠及米

间不容发　　安如泰山　　东市朝衣　　柳营试马

前180年，刘恒即位，是为文帝，他与景帝刘启都继续执行高祖所制定的"与民休息"的政策方针，减轻人民赋税，使汉朝经济蓬勃发展，人民生活安定，国力大大增强，史家称这一阶段为"文景之治"。

4. 第四段历史

汉武盛世：强弩之末　　大谬不然　　一家之言　　卧雪吞毡

雁足捎书　　功德无量　　桃李不言，下自成蹊

通过"文景之治"，汉朝国力逐渐强大起来。前141年，景帝卒，其子武帝刘彻即位。刘彻也是我国历史上有名的皇帝之一，他在位期间曾使卫青、霍去病击败匈奴，扩大了西汉王朝的统治范围，保障了汉朝北方经济文化的发展。但多年的征战使国力下降，于是武帝在晚年停止征战，转而大力发展农业，使西汉的经济继续向前发展。武帝之子昭帝继承其父的方针，继续实行"无为而治"政治，发展经济，使西汉的盛世达到了顶点。

5. 第五段历史

昭宣中兴：芒刺在背　不学无术　百闻不如一见

经过昭帝、宣帝（前87—前49年在位）两代38年的"与民休息"的政策的执行，大汉王朝的国力日益增强，但与此同时地方势力也随之强大，严重地影响了汉王朝中央的统治。

6. 第六段历史

西汉衰败：凿壁借光　尸位素餐　捕风捉影　千人所指

自元帝起，至成帝、哀帝、平帝在位年间，皇帝对政权的统治力量已大不如前。及至刘婴即位，朝权已尽落于外戚王莽之手。公元8年，王莽篡夺皇位，改国号为"新"，至此西汉对中国的统治宣告结束。

（四）学习成语故事

桃李不言，下自成蹊

说说你对李广将军的认识。

不学无术

说说自己的感受。

强弩之末

说说你的外交观。

（五）总结

（潍坊北海学校语文老师　张小红）

第九单元　隋唐风韵

师：同学们，遥望中国历史五千年，其实我们会发现每个朝代都有属于每个朝代的独特风韵。比如说：秦时的明月、两汉的风云、乱世三国，还有前朝的旧事。这些或磅礴或灿烂的风景，记录着我们脚下这片土地沧桑的变迁，见证我们民族千古兴亡的历史。今天我们要学习的是隋唐风韵——（看大屏幕）。

生：齐读课题。

板块一：成语韵文话隋唐

师：这是关于隋唐五代的历史，前些日子我们通过成语韵文已经对隋唐的历史有了初步的了解。回想一下哪些人、哪些事，它们是否依然还在拨动你的心弦？谁可以直接站起来谈一谈？

隋帝杨坚	吴带当风	唐宗世民	贞观之治
魏征直谏	开元盛世	安史之乱	武后建周
佛教西来	玄奘鉴真	唐诗奇葩	诗仙李白
诗圣杜甫	暴君杨广	盛唐气象	丝绸之路
文成公主	用人不当	杨家有女	南唐后主

——《中华成语千句文》

生：我想谈的是"南唐后主"，老师曾经带我们学过南唐后主李煜的很多诗词，我现在还记忆犹新。

师：非常好，李后主的词不仅在隋唐时期首屈一指，在中国的文坛也颇负盛名。

生：我要谈的是"吴带当风"，我觉得"吴带当风"非常生动地描写了画圣吴道子的高超技艺，唐代的绘画艺术也值得我们品味。

师："吴带当风"吴道子，他的画飘逸、洒脱，代表了隋唐五代画家的杰出风采。谁还有话要说？

生：我喜欢"杨家有女"，杨贵妃是绝代佳人，可以用"千娇百媚、国色天香"来形容她的漂亮。

师：的确，读过《长恨歌》的同学肯定会知道白居易用"回眸一笑百媚生，六宫粉黛无颜色"来形容她的容貌。爱美之心人皆有之，每个人都喜欢漂亮，不是吗？

生：我喜欢"贞观之治"，因为"贞观之治"展现了唐太宗李世民当年治国有方，百姓生活物阜民康。

师：说得非常不错，不过纠正一下发音。贞观（guàn）之治，贞观是唐太宗李世民年号。贞观年间，风调雨顺、路不拾遗、夜不闭户，可以看出当年李世民治国有方。还有没有其他同学想谈？

生：我想谈"丝绸之路"，丝绸之路把许多遥远的国家像串珍珠般串联在一起，让我们都变成一家人。

师：很喜欢你的表达，"串联"一词说得极是。这条路不仅仅串联了我们中土和西域的文化，而且还留下了许多可歌可泣的故事。西去印度的玄奘从这里走过，出使西域的班超也从这里走过。非常妙！一条路，一家人！还有没有同学继续来谈？

生：我喜欢"文成公主"，因为我记得西藏有一个布达拉宫，我还记得《中华成语千句文》有这样描写道"文成公主，和亲入藏，近悦远来，日使遣唐"。

师：把掌声送给她吧。"文成公主，和亲入藏，近悦远来，日使遣唐。"文成公主的和亲，也彰显了大唐近悦远来的辉煌，隋唐五代应该是中国历史上最为鼎盛繁荣的时代。同学们，我们在回顾《中华成语千句文》时又重温了这段历史。

板块二：成语故事解隋唐

师：今天我们还要继续来学习关于这个时代的一些成语和故事。学这本书有一个小策略，学习要讲求方法，好的方法往往事半功倍。哪个同学来读一读老师提供的方法？直接起来就好！

生：读准成语之音，记住成语之义，背诵成语出处。

师：我们准备学习隋唐五代的这些成语故事了，你准备好了吗？我给大家几分钟的时间再复习复习，过会儿等待老师的检验！好，下面的时间交给大家。把声音放开，大胆一点儿，可以朗读，也可以默读；可以自己读，也可以和同桌一起读。（学生不出声）没有人会拒绝琅琅的书声。（学生声音渐起）

师：准备之后，有没有信心接受老师的挑战？这些成语，与哪个人有关，它背后的故事又是什么呢？

展示对成语"一衣带水"的见解。

生：一衣带水与隋文帝杨坚有关，杨坚建立隋朝后说"我是全天下的父母，不能因为像一条衣带那样窄的长江隔着，就看着南方百姓受苦而不去拯救他们"。

师：你从"一衣带水"中读出了什么呢？

生：我读出了他很顾及老百姓，不愿意看到自己的百姓受苦受难。

师：非常好。她给我们开了一个好头，接下来请看第二个成语——十羊九牧。

生："十羊九牧"也是关于隋文帝的。隋文帝取代北周政权后，恢复汉制，把国土重新划分成很小的郡县进行管辖，造成官员成倍地增加，好像十头羊用九个人放牧。这样做的后果是官多民少，赋税剥削很重，百姓无所适从。

师：是呀，"一衣带水"是讲他爱民如子，"十羊九牧"则是写他在政治上的策略。接下来，我们谈李世民，谁有话要说？

生：李渊说他的儿子有济世安民之事，于是李渊就给儿子起名李世民。世民比喻使国家得到治理，百姓安居乐业。从这个故事中我也想到了李世民名如其人，他使国家得到了很好的治理。

师：说得好！名如其人！

生："罄竹难书"是关于李密和隋炀帝的故事。李密说隋炀帝罪大恶极，用尽南山的竹子也写不完他的罪行，用尽东海的水也洗不清他的罪恶，从这里可以看出隋炀帝的罪行太多而写不完。

师：下一个是"一见如故"。

生：这是关于房玄龄的故事。隋朝末年，房玄龄看不惯官府的所作所为，毅然抛弃官职，去投奔举义旗的秦王李世民。两人一见如故，都有相见恨晚之感。我见到我的同学，也有一见如故的感觉。

师：很多时候相信缘分，人与人相遇也更是一种缘分。让我们精彩继续，再来看——饥寒交迫。

生：唐高宗李渊有一次审问贼人，贼说因为无衣穿，无饭吃，只好做贼，李渊就把那贼放了。我读出了贼的生活极其贫困。

师：呵呵，你读出了贼的生活极其贫苦，做贼也不容易是吧！哪位同学读出了不一样的观点呢？

生：我读出了李渊的仁慈。

生：我还读出了李渊的爱心。

生：我还读出了李渊的恻隐之心。

师：是的！李渊仁慈，他作为一个皇帝，有一颗仁爱之心。自古行仁政者得天下，尽管这是一个小故事，一个小细节，但是我们也能感受到温暖。好，接下来是"房谋杜断"。

生："房谋杜断"讲的是唐太宗的大臣房玄龄和杜如晦的故事。唐太宗与房玄龄商量事情，房玄龄能想出几个好主意；杜如晦能迅速分析房玄龄的计谋，做出决断。我能看出他们两个人配合得十分融洽。

师：是的，唐太宗十分信任房玄龄、杜如晦，他信奉"兼听则明，偏信则暗"。他还信任一个有名的大臣，有没有人知道这个千古佳话呢？

生：魏征。魏征告诉唐太宗，如果只听一面之词，就会做出错误的判断，只有广泛听取意见才能明辨是非。

师：唐太宗非常喜欢这个直言不讳的魏征。魏征去世时，太宗非常难过伤心，并说"以铜为镜可以正衣冠，以古为镜可以见兴衰，以人为镜可以知得失"。唐太宗把魏征看作一面镜子，这段佳话又让我们感慨万千。接下来是"一代楷模"。

生：这个成语讲的是李靖的故事。李靖不留恋权势，辞官回家。唐太宗评价李靖是"一代楷模"，是人们学习的榜样。

师：在朝为官的择其长处而用之；想退隐江湖的，尊重他的决心。唐太宗李世民的处世之法真的让人景仰。继续学习"垂帘听政"。

生："垂帘听政"写的是唐高宗李治。唐朝时期，唐高宗立武则天为皇后。由于唐高宗体弱多病，不能长时间处理政事，他就在御座后挂条帘子，然后让武则天坐在后面，参与与大臣的政事。我从这里读出唐高宗李

治也需要女人帮忙。（台下、台上大笑）

师：呵呵。每一个成功男人背后都有一个出色的女人。好吧，掌声送给他。"叱咤风云"又是怎样来描写武则天这位历史上唯一的女皇？

生：武则天登基后，改国号"周"。骆宾王写《讨武檄文》："喑呜则山岳崩颓，叱咤则风云变色。""叱咤"的意思是怒喝一声，一声怒喝能使风云翻腾起来，可见武则天的气场不凡。

师：武则天真是很了不起。还有一个"火树银花"，谁来说？

生：唐睿宗每年正月元宵的夜晚一定扎起二十丈高的灯树，叠起五万多盏灯。到处是火红的树、灿烂的花。这个成语形容灯火通明，到处是灿烂的夜景。

师：这么美丽的景色，我们一起读一下，"火树银花"预备起。

生：火树银花。

生："炙手可热"讲唐玄宗宠信杨贵妃，任命她的哥哥杨国忠为相，过着花天酒地的生活。诗人杜甫作《丽人行》讽刺杨家兄妹的荒淫无道："炙手可热势绝伦，慎莫近前丞相嗔。"

师：一人得道，鸡犬升天啊。我们又怎样理解"文恬武嬉"？

生："文恬武嬉"写的是唐玄宗让韩愈记事的事情。淮西之乱平息后，韩愈写道，文官追求安逸，武将只求玩乐，从而导致国家面临危险。读了这个故事以后，我感觉到淮西之乱后唐朝越来越腐败了。

师：很好，同学们已经对这些成语有了大体的了解，但读历史重要的不仅是读懂故事，更重要的是读出自己的思想来。让我们通过这几位皇帝了解一下唐朝的历史，你最佩服哪位皇帝？

生：我觉得我最佩服武则天，她是历史上唯一的女皇帝，她能做到这样就已经非常不错了。

生：我也喜欢武则天，因为自古至今，我觉得所有第一个吃螃蟹的人都是英雄。

师：这确实是亘古未有之事，也是中国历史上的一个奇迹！

生：我欣赏李世民，他在历史上开创了一个非常繁荣的历史时期！

师：李世民是中国历史上非常了不起的皇帝之一。

生：我最欣赏南唐后主李煜，因为李煜是一代才人，可是他却当了皇帝，我为他遗憾。像他这样的才人，应该当个风流倜傥的才子。

师：风流倜傥。说得好！在中国的历史上，李煜并不是一个称职的皇帝，但他的文学成就极高。她前半生享尽荣华，后半生却雨恨云愁。有人说李煜的人生是失败的，也有人说李煜的人生是成功的。你怎么看待这个亡了国的千古词帝？

生：我认为他的一生是成功的。他虽然是一个亡国的君主，但是他后来又写出了很多很好的词，而且他一直不忘自己的国家。

生：我认为他是失败的，因为他不应该光为自己着想，而应该为人民着想。他在做皇帝的时候就应该为多数人着想，才能使国家得到更多的利益。

生：我认为他的一生是失败的。他的皇帝职位关系到整个国家的人民，而他的才华只是关系到自己，所以他应该先当好他的皇帝，然后再去发挥他的才华。

生：我认为他的一生是失败的。虽然他在沦为阶下囚以后卧薪尝胆，但他没有做出实际行动来拯救自己的国家。

师："国家不幸诗家幸，话到沧桑语始工。"作为政治家，李煜是失败的；作为文学家，他赢得了后世的景仰和同情。下面我们一起在凄婉的词作里品味他的人生。

播放李煜的佳作配乐词《浪淘沙》《虞美人》《相见欢》，学生朗读。

学生背《浪淘沙》。

师：故国依旧，旧梦难就。他只能在春花秋月里独自感叹——生背《虞美人》。

师：西楼的明月仿佛故意惹动他那如丝如缕的国恨家仇——生背《相见欢》。

师：谈到词，自然想起诗。唐代那灿若繁星的诗歌创作，达到后世无法企及的高峰。一部唐诗三百，几多感动心头！多情的诗人们把生命的悲欢、命运的多舛、人事的兴衰全部融入了诗行里。在《隋唐五代十国》的"相关成语"里有一半以上源自诗歌文章。

板块三：诗句文言品隋唐

展示成语：如春风得意、青梅竹马、万里长征、人杰地灵。学生朗读，老师提问其出处。

生："天下三分明月夜，二分无赖是扬州。"这句诗出自唐朝徐凝的《忆扬州》，是为了表示扬州的繁华。

生："春风得意"源于唐朝孟郊的《登科后》。"春风得意马蹄疾，一日看尽长安花。"

生："青梅竹马"出自李白的《长干行》。"郎骑竹马来，绕床弄青梅。同居长干里，两小无嫌猜。"

生："前无古人"源自陈子昂的《登幽州台歌》。"前不见古人，后不见来者。念天地之悠悠，独怆然而涕下！"

生："一片冰心"源自王昌龄的《芙蓉楼送辛渐》。"寒雨连江夜入吴，平明送客楚山孤。洛阳亲友如相问，一片冰心在玉壶。"

生："万里长征"出自王昌龄的《出塞》。"秦时明月汉时关，万里长征人未还。"

生："曲径通幽"出自常建的《题破山寺后禅院》。"曲径通幽处，禅房花木深。"

生："人杰地灵"出自王勃的《滕王阁序》。"物华天宝，龙光射牛斗之墟；人杰地灵，徐孺下陈蕃之榻。"

生："业精于勤"出自韩愈的《进学解》。"业精于勤，荒于嬉；行成于思，毁于随。"

师：（总结）除了贤君明相、诗歌繁荣外，隋唐五代还是一个英雄、人才辈出的时代。请默读下面的两则成语，你又会收获怎样的感动？

跟随屏幕了解一下"牛角挂书""呕心沥血"等故事。

牛角挂书

闻包恺（kǎi）在缑（Gōu）山，往从之。以蒲鞯（pú jiān）乘牛，挂《汉书》一帙（zhì，书一函为一帙）角上，行且读。

——《新唐书·李密传》

呕心沥血

及暮归，太夫人使婢（bì）受囊出之。见所书多，辄（zhé，就）曰："是（这）儿要当呕出心始已（停止）耳！"

——《李贺小传》

生：我从"牛角挂书"中看出了李密的勤奋，因为他赶路也不忘学习。

生：我非常喜欢"呕心沥血"，因为李贺的生命虽然只有短暂的26年，却留下了240余首诗歌，这是他毕生的心血，可以看出他对诗词的喜爱。

生：李贺7岁开始写文章，说明他的资质不凡。

老师请学生朗读"牛角挂书""呕心沥血"的古文。学生领读，老师做解释补充。

师：你从古文中读出了什么？

生发表看法，背诵古文。

白云亲舍

荐授并州法曹参军，亲在河阳。仁杰登太行山，反顾，见白云孤飞，谓左右曰："吾亲舍其下。"瞻怅久之。云移，乃得去。

——《新唐书·狄仁杰传》

一生读"白云亲舍"古文，一生读解释，配乐朗读。

师：你读到了什么？

生：我读出了狄仁杰的挂念和思念之情。

师有感情地配乐朗读。

师：此时，狄仁杰的亲人们在想什么呢？

生：可能他的双亲在想：我的儿子什么时候才能回来呀？我好想见我的儿子一面。

生：此时狄仁杰一定在想：父母在，不远游，游必有方。

生：此时他一定看到白发苍苍的母亲在村口翘首盼儿归。

师：自古忠孝不能两全，让我们再读一读文章，再次感受狄仁杰舍小家为国家的大情怀！

生：配乐有感情朗读部分古文。

板块四：妙用成语评隋唐

师：同学们，你们看，其实历史并不只是属于高高在上的统治者，属于灿若繁星的文化。其实一片土地的变迁也是历史，一个人物的悲欢离合也是历史，在历史的天空下，达官显贵抑或平凡百姓，他们都是历史的一部分。只可惜《中华成语千句文》在写作时只关注了前两者，后两者没有关注。下面请同学仿照《中华成语千句文》给下面的人物写一段简介或是评论，尽量也做到押韵——

师展示部分成语及与之有关的人物，师生共享与本课故事有关的人物。

牛角挂书——李密　　　　　一代楷模——李靖

饥寒交迫——李渊　　　　　回天之力——张玄素

白云亲舍——狄仁杰　　　　冰山难靠——张彖

别开生面——曹霸　　　　　大放厥词——柳宗元

天涯海角——韩愈　　　　　素面朝天——虢国夫人

将勤补拙——白居易　　　　兼听则明，偏听则暗——魏征

展示学生由学诗词而自创自作的感受佳句：

一代楷模李靖

大唐李靖，一代楷模，出奇制胜，以少胜多。

南征北战，战功赫赫，告老还乡，言辞恳切。

太宗世民，谓之贤能，豁达大度，正大光明。

德高望重，千古美名，中华儿女，代代传承。

李密牛角挂书

文人李密，功苦食淡，刻苦钻研，埋头苦干。

冬寒抱冰，夏热握火，口不绝吟，磨砺自强。
牛角挂书，勤学苦熟，十年寒窗，铁面枪牙。
手不释卷，学如不及，孜孜不倦，志坚行苦。

虢国夫人　素面朝天

杨氏姐妹，倾国倾城。玄宗封赏，拜谢隆恩。
赏钱十万，脂粉之资。虢国夫人，天生丽质。
不施粧粉，自衔美艳。进宫觐圣，淡扫蛾眉。
绝世佳人，身显名扬。窈窕淑女，君子好逑。
三姐自负，素面朝天。玄宗隆基，贪图美色。
沉迷后宫，无法自拔。昏庸无道，国势衰亡。

韩愈　天涯海角

大家韩愈，成就不凡。父母早逝，孤苦伶仃。
哥嫂相依，十二郎殁。消息灵通，悲痛欲绝。
病不知时，殁不知日。生不公居，殁不尽哀。
一在天涯，一在地角。生影不依，死魂不接。
日日想念，夜夜思念。一字一泪，读人心酸。

狄仁杰　白云亲舍

狄公仁杰，德才兼备。清正廉洁，德高望重。
足智多谋，大义灭亲。口若悬河，铁面无私。
白云亲舍，百善孝先。斗南一人，天下无双。
济济多士，知人善任。赏罚分明，天下为公。

杨国忠　冰山难靠

唐宗隆基，特宠玉环。堂兄国忠，官运亨通。
选任官吏，私下决定。张彖友劝，拜见国忠。
官升财发，始终不去。反劝己友，勿靠杨山。
冰山而已，皎日既出。无失所恃，不知是好。

师：（小结）同学们，当我们带着无限的自豪和神往回首隋唐五代的灿烂文化时，我们不仅仅是要凭吊遗址、感受荣光，更重要的是要让那些凝结着爱与美、智慧和感动的品质内化成我们的生活和生命的一部分。这样，我们的生活和生命就因此而多彩和厚重起来！

（潍坊北海学校语文老师　王欣香）

这是一节"海量阅读"教学思想引领下的大语文教学课例，亮点如下：

1. 课程资源丰富鲜活。成语、故事、诗歌、古文有机地组合在一起。这种设计犹如一部历史电影，将古今文化串联起来，将一个又一个精彩的画面呈现在我们眼前，它没有高高在上的感觉，就如同你的朋友在亲切地与你谈话，让你有一种既温暖又亲切的感觉。

2. 注重学生语文素养的提升，时时处处渗透人文教育和美感教育。四个教学板块"成语韵文话隋唐""成语故事解隋唐""诗句文言品隋唐""妙用成语评隋唐"内容上层层深入，又侧重于学生听、说、读、写能力的强化。在引领学生与成语对话、与历史对话的同时，生成思维，关注个性化思考，让思考成为课堂的美丽风景！

3. 学生的百花齐放取代了教师的独自表演，主体地位得到了很好的呈现。整堂课中，师生们妙语不断，引经据典，特别是用成语评品人物，学生笔底生花、精彩纷呈——李靖的功成身退、李密的志坚行苦、韩愈的情深意长、狄仁杰白云亲舍，联联精彩、句句铿锵！

4. 积淀、内化、释放是一个人走向厚重的过程，教学也是这样。一堂语文课成功还是失败，我们常常根据这堂课是否完成教学目标，是否突出了教材的重难点，教学方法是否多样而新颖，课堂气氛是否活跃等方面衡量。在新课程已经改革多年的基础上，语文课经历了从繁华热闹到返璞归真的转变。我们是否应该相应地把研读教材的成功也纳入一堂好课的评价标准中呢？把听、说、读、写扎实地落实在课堂上，让那些日积月累的水滴，内化成学生生命、文化和精神的河床。

二教《论语》

一、第一次教《论语》边读边教

我们师生在六年级重点学习中国传统文化中的经典作品《论语》《道德经》。与经典同行，与圣贤为伍，让学生拥有更多学习高层次文化的机会和权利。

2000级学生学习传统经典的时候，全国各地的同行纷纷来听课。很多老师问我为什么教经典，是不是因为我对经典有着深厚的感情，具备不俗的造诣。在此，我冒着被大家笑话的危险自曝内幕：我不懂经典。中专毕业的我除读了一肚子小说外，诗歌、散文没背几篇。读小说也只是为了看热闹，除练就了一目十行的本领之外别无所得，对经典的了解水平绝对是"小儿科"，除中小学课本上的那点儿诗词之外一无所知。至于《论语》，竟不知何为"篇"、何为"章"，直到30多岁读古代蒙学作品《三字经》，从"论语者，二十篇"中才搞懂了这个常识性的概念。

不懂经典的人为何教经典？第一，我的四年级学生以两周学完一本课本的速度学完了我能搜罗到的所有书报材料，包括高年级的课本。等学完《中华上下五千年》之后，我们陷入了"弹尽粮绝"的境地，没有书可读了。而《论语》《道德经》是最容易买到的书，书店里有各种不同的版本。第二，我的导师陶继新老师酷爱经典，陶老师那谦谦君子的学者风范令我高山仰止，"亲其师，信其道"，于是我也读起了这些"老古董"。

◎ 让圣人走进我们的生活 ◎

2004年之前，我对《论语》《道德经》这两部影响中国两千多年的经典只闻其名，未见其面。这种只有学者才读的书似乎永远与我这个才疏学浅的小学老师没有关系。2004年暑假，我看了王财贵教授的《儿童潜能开发与经典阅读》这个光盘后对《论语》产生了兴趣，就开始读，但一直觉得很乏味。字面意思读着很费解，言外之意就更看不懂了，但我还是皱着眉、咬着牙读了两遍。胡适、鲁迅的文章写得好，得益于文言的滋养，但他俩高举反对文言的大旗，大概他们也深深体会到了学习四书五经的过程并不令人舒畅。听了王财贵教授的讲话，我想让女儿"近水楼台先得月"，就买了带故事的《论语》与她共读。但她读了几章后便不读了，即使我使出浑身解数威逼利诱，她也不"就范"，还说："给钱也不读，挨打也不读，跟绕口令似的，烦死人了。"2005年暑假，我布置学生预习《论语》。我的学生刘佩瑶写了一篇日记，"大骂"孔子的弟子，说如果不是他们记录孔子那些言论，韩老师就不会想出这么一个"鬼主意"。潍坊有比我们学校早一步进行经典诵读实验的学校，我多次听到他们的家长表示不解："大人都看不懂的东西，为什么让小孩子学习？"唉，怎样才能叩开"经典的大门"呢？

一天早上，我走进教室，看到学生都在认真地读书，我便背诵："子曰：'予欲无言。'子贡曰：'子如不言，则小子何述焉？'子曰：'天何言哉？四时行焉，百物生焉，天何言哉？'""天什么话也没说，但四季照样运行，万物照样生长。老师什么话也没说，但同学们每天到校就读书；上课铃声一响，老师什么话也没说，同学们也照样读书……"我们班一个学生剪了头发，非常漂亮，我用《论语》上孔子的弟子子夏诵过的诗评论她："巧笑倩兮，美目盼兮。"潘林林爱说大话，我说："先行其言而后从之。""古者言之不出，耻躬之不逮也。""君子欲讷于言而敏于行。"告诉学生边读边思、学思并重时，我说："学而不思则罔，思而不学则殆。"评选班干部、"三好学生"前，我说："举直错诸枉，则民服；举枉错诸直，则民不服。"这样在课上、课下尽量联系《论语》上的句子，引发了学生在作文和言谈中也联系《论语》来阐述自己风气的观点，从而让学生认识到两千多年前的圣人之言，在今天还是至理名言。圣人渐渐走进我们的生活。冯雪、管潇等学生的家长也读起了《论语》，并常向孩子请教，让孩子过足"先生瘾"。

刘伟帅的家长对我说，孩子在家很贪玩，一让学习他就烦躁，还"教育"家长不要逼孩子，不要打骂孩子，要对孩子温柔一点儿，否则不是好家长。我对全班学生说："有的同学不听家长的话，不爱学习，还振振有词，竟敢'教育'家长。你要求家长做到温柔可亲，那你是否做到了勤奋好学？被称为'万世师表'的孔子，他的学生宰予大白天睡觉，他说'朽木不可雕也，粪土之墙不可杇也'。腐朽的木头能雕刻吗？粪土垒的墙壁能粉刷好吗？正所谓'爱之深，责之切'。"

◎ **大量阅读，功到自然成** ◎

想让学《论语》的过程尽量轻松愉快一些，除多联系生活之外，还要做好一个准备，就是反复诵读《论语》，厘清其中的人物关系，了解人物的性格特点，掌握孔子的生平事迹。学生在诵读过程中，教师可以帮他们理顺一下，提高学习效率。最初我买了一本《〈论语〉问答》、一本《孔子·圣人风范》，再后来家里堆了一摞诠释书籍，读后我对孔子的生平、为人、观点有了一些了解。2005年秋季开学后，我把书店里诠释《论语》《道德经》的所有版本的书都买了回来，和学生一起阅读、讨论。读经典我们没有基础，但读白话文还是颇有兴致的，于是我们把曾让师生头痛不已的经典读得有滋有味。通过大量阅读，我们对经典的学习渐入佳境。孔子的高大形象、伟大人格、至理名言逐渐成为我们师生心中的一座丰碑。大量阅读又一次成为包治百病的良药，在书山经海中自由遨游的结果是功到自然成。

2005年9月中旬，我们开始学习《论语》，还是采用我惯用的方法。第一遍粗略地、不求甚解地读，搞不懂的就放过去。我们用了不到三个星期就学了10篇。学习的过程很简单：上课开始轮流读一遍，我和学生共同纠正错误读音，我告诉学生哪几章是要求背诵的，哪几章是要求熟读的；然后，学生自己熟读、看译文背诵，同伴互查合格后找我检查；学完10篇后进行复习。我把要求背诵的和要求朗读的以5篇为单位打乱顺序印成文本，学生复习熟练后用这个打乱顺序的文本进行自查，我再抽查。后面学习的速度越来越快，10月底便学完了第一遍。

第二遍学习《论语》，重点是前后联系。具体来说，就是按照顺序逐篇逐章让学生交流自己的认识，学生通过前后联系，边翻书边交流。比如，学习"君子病无能焉，不病人之不己知也"时，联系"不患无位，患所以立；不患莫己知，求为可知也""君子求诸己，小人求诸人""不患人之不己知，患不知人也""不患人之不己知，患其不能也"。

第三遍学习《论语》，以归类总结为主要内容。比如，把孔子关于教学方面的章节一起呈现，引导学生总结孔子如何学习、如何教书育人。把有关"颜回、子贡、曾子、子路、子游、子张、子夏……"众弟子的章节一起呈现，把有关"管仲、子产、季康子、晏平仲"等历史人物的章节一起呈现，把谈论"仁道、君子、修身、为政、交友"等理念的章节一起呈现，引导学生去总结。学生们把手里那几本不同版本的《论语》来来回回地翻阅，把书都翻烂了。

我们把《论语》20篇全学完后进行总复习。我惊奇地发现，当时只要求学生熟读的一些篇章，等学完全书后学生竟然能够轻而易举地背诵出来。全班学生都能正确熟读《论语》中的所有篇章，80%的学生能看译文背诵原文。

有了学《论语》的基础，六年级下学期学习《道德经》就轻而易举了。我们照例先熟读，然后找出部分章节看译文背诵并讨论。

读经典使我们收获的不只是知识和阅读文言的能力，还有思想道德的升华。当学生在课堂上读或说"上善若水""重为轻根，静为躁君""巧言令色，鲜矣仁"时，他们不只是在论证书上的观点，同时也是在进行自我教育。于是好学好动的学生慢慢安静下来，自动远离了撒谎、浮躁等毛病，学生们一个个心态阳光，诚实自律。

"己所不欲，勿施于人""己欲立而立人，己欲达而达人"，儒家思想中为他人着想的处事原则熏陶着我们；"老者安之，朋友信之，少者怀之"的伟大志向、"知其不可而为之"的顽强意志激励着我们；"人之生也直，罔之生也幸而免"的人生法则告诫着我们……道家的谦下养生，儒家的精进利生，涤荡着繁杂的工作和学习任务带来的浮躁，使我们师生变得从容优雅。

◎ **学生参与备课** ◎

《中华上下五千年》《世界上下五千年》的备课是我们师生共同完成的：我在书上做好标注，几个学生敲字。《论语》《道德经》的原文、译文也是由杜槿、何晓樱、陈晨等学生从网上下载的。"寻找《论语》《道德经》中的成语"的备课过程，全班学生个个参与。每个合作小组都查词典、翻书找与两部经典相关的成语，然后进行整理，编写相关练习，制成投影片。

第一种练习形式是：下面句子各藏着一个成语，你能找出来吗？如：

子在陈，曰："归与！归与！吾党之小子狂简，斐然成章，不知所以裁之。"——斐然成章

曾子曰："慎终追远，民德归厚矣。"——慎终追远

第二种练习形式是：根据意思说成语。如：

形容品质极高，有着宽广的胸怀。——上善若水

形容很灵巧聪明而不夸耀，反而显得很笨拙。——大巧若拙

第三种练习形式是：下面的句子应该用哪个成语？如：

爱国词人辛弃疾，虽_____，但爱国热情至死不衰。——三仕三已

那种见利忘义、_____的人是不值得交往的。——患得患失

十年后，我和徐美华合作的《读论语 学成语》出版，这套书的原始素材就来自2000级全体学生参与搜寻的这些成语。

按常规上课，我可以不去考虑学生对于阅读内容、学习方式是否乐于接受，但我在教改实验中进行的这种打破常规的教学方式，让学生学习这些艰涩的古文，就必须考虑学生的感受，并时时刻刻提醒自己不能把教师的意念强加于学生。儿童的思想与我们成人总是存在一定距离的，因此在教学过程中我十分注重与学生"商量"。比如，《论语》《道德经》中哪些章节应该熟读，哪些章节应该背诵，我们师生都要"辩论"一番。如果学生说得有理，我就听他们的。为了能说服老师，学生们会自主查阅资料，寻找论据，往往在集体学习之前，他们就搞懂了。"好，就听你的了！"学生得意地笑了，为老师听从他的意见；老师得意地笑了，为掉入了"圈套"还在扬扬得意的学生们。

◎ 精彩的"生成"源自大量的阅读 ◎

2000级学生上六年级时，同行频繁地听我的课。2005年10月23日，在东郊宾馆的校长培训班上我们展示了"论语——教学、治学之道"的学习方法之后，七中的于允锋校长邀请我们师生11月2日去上课。我当时感觉压力很大，一个小学老师怎么敢在高中老师面前班门弄斧呢？我对《论语》还没有深入地学习，而且连续上公开课，备课难度相当大，我感到上气不接下气了。有人劝我上旧课，但因为我从来没有上过"排练"过的课，反而没有胆量尝试，于是我绞尽脑汁，直到去七中的前一天才准备好一个差强人意的课件。但学生没有充分的时间预习，对上课要讨论的章节很不熟悉。

当我带着身体上的疲乏和精神上的担忧来到七中时，我发现于允锋校长和他的领导班子正在门口迎接我们，教学楼的电子屏幕上显示着"欢迎韩兴娥老师和她的学生来七中"。面对这样隆重的接待，我意外、感动，心里一下子充满了阳光，多日来的辛劳与疲惫顷刻间烟消云散。整整一个下午，无论是我上课、介绍还是与七中的老师交流，于校长和他的领导班子一直静静地坐在那儿听着，用接待专家的规格来接待我这样一个小人物。我只是一名普普通通的小学教师，只是踏踏实实地工作，只是教出了一批不错的学生，便得到这样的礼遇，这种备受尊重的感受是我一生的精神财富。

感动归感动，但这节课能不能得到高中教师的肯定，我心里还没有数。我们来到多媒体教室，学生坐前四排，学生的后面便是听课的老师。教室不是很大，师生都没有用扩音器，我喜欢这种氛围，因为这种情况下听课教师的反应我随时能感受到。小学六年级的学生在高中教师的眼里可能小得可爱，他们笑眯眯地瞅着学生，听到学生大声清晰地回答问题，听到学生小小年纪满口"之乎者也"，不时发出会心的笑声。和听课教师交流时，七中的一位副校长说："这节课，韩老师的学生一共回答问题178次。"一位男教师说："孩子们恰如其分地运用了许多成语，前半节课我没有记录，后半节课我在听课记录上记了60多个成语，请问韩老师是用什么办法让学生拥有这么丰富的语言储备的？"高中的老师可真够"理性"，没有他们的统计，我自己都不知如何用数字说明学生的表现。最让我心头一震的是一位女教师问我作文教学的做法，她谈起我10月23日在东郊宾馆是如何讲作文教学的，10月27日初中的教师听课时我是如何说的，还让我再谈谈作文教学的一些细节。我的天哪！幸好我没有为了喘口气而讲旧课，否则丢人现眼了。

10天之内上三节有关《论语》的课，如果我的学生没有前面五年的丰厚积累，即使"排练"过，也很难保证一下就有效果。当然，我们课前也做了一定的准备：把要学的篇章都告诉学生；要求学生先把它们读熟，记住意思；学有余力的学生会查一些资料，把新知识和旧知识联系起来谈理解。

大部分听课老师从学生的课堂表现切实感受到了学生丰富的内涵，但也有人不相信。有的老师是临时打电话告知要来听课，突击"检查"的；有的坐在我们班里不走，趁学生上体育课的时间翻看学生的书……这些人不相信真实的课堂会如此精彩。他们没有试过，不知道学生经过几年的大量阅读，结果理应如此，功到自然成。

附：教案、课堂纪实

《论语》教案——子贡

今天我们重点讨论孔子的弟子子贡。

1. 子贡是干什么的？他以什么为生？

11.19 子曰："回也其庶乎，屡空。赐不受命而货殖焉，亿则屡中。"

2. 孔子有弟子三千，在众多弟子中，子贡算得上好学生吗？

11.3 德行：颜渊，闵子骞，冉伯牛，仲弓；言语：宰我，子贡；政事：冉有，季路；文学：子游，子夏。

3. 子贡这个人有一大特点，请三位同学继续"开火车"各读一章，思考子贡这一大特点是什么？

5.15 子贡问曰："孔文子何以谓之'文'也？"子曰："敏而好学，不耻下问，是以谓之'文'也。"

12.7 子贡问政。子曰："足食，足兵，民信之矣。"子贡曰："必不得已而去，于斯三者何先？"曰："去兵。"子贡曰："必不得已而去，于斯二者何先？"曰："去食。自古皆有死，民无信不立。"

15.24 子贡问曰："有一言而可以终身行之者乎？"子曰："其'恕'乎！己所不欲，勿施于人。"

4. 君子一言以为知，一言以为不知。从一个人的言谈之中可以看出他的品德、学识，我们通过下面的句子探讨一下子贡的品德、学识以及他向老师请教带来的收获。

5.12 子贡曰："我不欲人之加诸我也，吾亦欲无加诸人。"子曰："赐也，非尔所及也。"

13.24 子贡问曰："乡人皆好之，何如？"子曰："未可也。""乡人皆恶之，何如？"子曰："未可也。不如乡人之善者好之，其不善者恶之。"

1.15 子贡曰："贫而无谄，富而无骄，何如？"子曰："可也。未若贫而乐，富而好礼者也。"子贡曰："《诗》云：'如切如磋，如琢如磨。'其斯之谓与？"子曰："赐也，始可与言《诗》已矣，告诸往而知来者。"

6.30 子贡曰："如有博施于民而能济众，何如？可谓仁乎？"子曰："何事于仁，必也圣乎！尧舜其犹病诸！夫仁者，己欲立而立人，己欲达而达人。能近取譬，可谓仁之方也已。"

11.16 子贡问："师与商也孰贤？"子曰："师也过，商也不及。"曰："然则师愈与？"子曰："过犹不及。"

2.13 子贡问君子。子曰："先行其言而后从之。"

5.9 子谓子贡曰："女与回也孰愈？"对曰："赐也何敢望回？回也闻一以知十，赐也闻一以知二。"子曰："弗如也，吾与女弗如也！"

15.10 子贡问为仁。子曰："工欲善其事，必先利其器。居是邦也，事其大夫之贤者，友其士之仁者。"

19.20 子贡曰："纣之不善，不如是之甚也。是以君子恶居下流，天下之恶皆归焉。"

17.24 子贡曰："君子亦有恶乎？"子曰："有恶。恶称人之恶者，恶居下流而讪上者，恶勇而无礼者，恶果敢而窒者。"曰："赐也亦有恶乎？""恶徼以为知者，恶不孙以为勇者，恶讦以为直者。"

5. 子贡是孔子最依赖的一位学生，所以有人想了解孔子，常向子贡打听，子贡是如何回答的？他答得对吗？他几次的回答为什么不一样？

9.6 太宰问于子贡曰："夫子圣者与？何其多能也？"子贡曰："固天纵之将圣，又多能也。"子闻之，曰："太宰知我乎？吾少也贱，故多能鄙事。君子多乎哉？不多也！"

1.10 子禽问于子贡曰："夫子至于是邦也，必闻其政，求之与？抑与之与？"子贡曰："夫子温、良、恭、俭、让以得之。夫子之求之也，其诸异乎人之求之与？"

19.22 卫公孙朝问于子贡曰："仲尼焉学？"子贡曰："文武之道，未坠于地，在人。贤者识其大者，不贤者识其小者，莫不有文武之道焉。夫子焉不学？而亦何常师之有？"

6. 子贡虽然聪明，但也时常会有疑惑，那子贡有哪些疑惑呢？他能搞懂这些问题吗？

15.3 子曰："赐也，女以予为多学而识之者与？"对曰："然，非与？"曰："非也！予一以贯之。"

14.35 子曰："莫我知也夫！"子贡曰："何为其莫知子也？"子曰："不怨天，不尤人，下学而上达。知我者其天乎！"

17.19 子曰："予欲无言。"子贡曰："子如不言，则小子何述焉？"子曰："天何言哉？四时行焉，百物生焉，天何言哉？"

7. 勤学好问的子贡有时候问的问题莫名其妙，他为什么这么问？

7.15 冉有曰："夫子为卫君乎？"子贡曰："诺。吾将问之。"入，曰："伯夷、叔齐何人也？"曰："古之贤人也。"曰："怨乎？"曰："求仁而得仁，又何怨？"出，曰："夫子不为也。"

9.13 子贡曰："有美玉于斯，韫椟而藏诸，求善贾而沽诸？"子曰："沽之哉！沽之哉！我待贾者也！"

8. 子贡本身才华横溢、能言善辩，但他还是虚心求教，不断提高自己的道德修养与学识水平，因此他得到了孔子的高度评价。

5.4 子贡问曰："赐也何如？"子曰："女，器也。"曰："何器也？"曰："瑚琏也。"

9. 孔子的这位高足，也有受老师批评的时候，也有与老师意见不一致的时候。

14.29 子贡方人。子曰："赐也贤乎哉！夫我则不暇。"

3.17 子贡欲去告朔之饩羊。子曰："赐也，尔爱其羊，我爱其礼。"

10. 这有损于子贡的形象吗？

19.21 子贡曰："君子之过也，如日月之食焉。过也，人皆见之；更也，人皆仰之。"

11. 《论语》中记录子贡的有38章。子贡是孔子最活跃的一位弟子，他不但有万贯家财，而且品德、学识、社交能力、政治才能都很出色，在当时社会声誉很高。于是有人认为子贡贤于孔子，甚至诋毁孔子。这时子贡是怎么说的？他为什么那么说？

19.23 子贡曰："譬之宫墙，赐之墙也及肩，窥见室家之好。夫子之墙数仞，不得其门而入，不见宗庙之美、百官之富。得其门者或寡矣。"

19.24 子贡曰："无以为也……仲尼，日月也，无得而逾焉。"

19.25 子贡曰："君子一言以为知，一言以为不知，言不可不慎也。夫子之不可及也，犹天之不可阶而升也。"

《道德经》第43章课堂纪实

（师："天下之至柔，驰骋天下之至坚。无有入无间。吾是以知无为之有益。不言之教，无为之益，天下希及之。"请学生讨论）

秦亚群：水是最柔弱不过的东西了，却能穿山透地。水滴石穿这个成语，体现出了水的刚健。还有更强大的，例如，洪水可以冲毁房屋，海啸令人闻风丧胆。

张怡美：风也是看起来轻轻柔柔的，但是在龙卷风来临时，飞沙走石，树木被连根拔起，也说明了老子"柔弱胜刚强"的道理。

管潇：我认为"是以知无为之有益"是千古真理。在我们组里，如果学习好的同学刻苦学习，就会"其身正，不令而行"，会带动起学习不好的同学的积极性，用无为的方式，换取整个小组爱学习的风气。

王志刚：子曰："予欲无言。"子贡曰："子如不言，则小子何述焉？"子曰："天何言哉？四时行焉，百物生焉，天何言哉？"我们生活中也有行"不言之教"的例子，韩老师没对我们说什么，但我们看见韩老师读书，我们也喜欢上了阅读。

韩老师：谢谢志刚。

何晓樱：孔子曾说过："子帅以正，孰敢不正？"为政者如果加强道德修养，走正道，百姓自然也会跟着走。这句话和老子所说的"不言之教，无为之益"的意思一样。

胡皓：我们都听说过水滴石穿的故事。一滴水的力量微不足道，但日积月累就可以使坚硬的岩石穿孔，从这儿我们可以看出柔弱的水有着神奇的力量。

韩老师：胡皓说明了水有力量的原因，那就是日积月累。

姜奕彤："江海之所以能为百谷王者，以其善下之，故能为百谷王。"因为水具有无形、不争的特点，所以水聚在一起，会变得无坚不摧。老子看到了无为的益处是"天下希及之"，所以提醒为政者要无为而治。

韩老师：水是柔弱的、不争的，它虽然无为却无不为，因此老子告诉君主要无为而治。

叶丽雪：水是流动的，所以不能说水是无为的。

韩老师：叶丽雪说流动的水不具备无为的特点，是不是什么事都不做才是无为呢？

姜奕彤：顺应自然之道便是无为，水一直顺应自然，有风它便流动，有低洼处它就流下去，所以水的确是无为的。如果违背了自然之道，即使什么都不做，也不能说是无为的。

李汝佳：水是以无为的方式去有为的。

徐钊：老子在这里说的无为必须以有为为前提。汉朝曹参无为而治，就是因为萧何制定了完美无缺的法令。

韩老师：这个故事与什么成语有关？

全体：萧规曹随。

郭爽：老子讲的"不言之教，无为之益"并非倡导什么都不管，或刻意地放松管理，而是在"无为"中有所作为。

曾祥君："母亲和母亲彼此相像，如山脉之间的重重海洋……世上的山峰纵有万千，没有一座比得上母亲崇高！无论我欣喜或是悲伤，你都是我可靠的山峰……如今，我凝视四面八方，到处都呈现你的形象：你在百花盛开的大地，你在波光万顷的海洋！大地难包容你的慈祥，天空容不下你的高尚……"天下最细腻柔弱的东西是母爱，但母爱同时也是坚不可摧的，母亲是最伟大的，她可以为我们遮风挡雨，任何蛮力也摧毁不了。

韩老师：这首诗是说，至柔的母爱是驰骋天下之至坚。

杜瑾：树枝和小草也是一种明显的对比。小草是柔弱的，树枝是强大的，但是当大风来临的时候，小草会迎风招展，跳着欢快的舞蹈，而树枝遇到大风很容易被折断。这也说明了强大处下、柔弱处上的道理。

陈晨：这句话和"弱之胜强，柔之胜刚"的意思一样，都是老子柔弱胜刚强理念的体现。牙齿是坚固的，舌头是柔软的，到最后还不是齿亡舌存！所以又应验了老子的另一句话："故坚强者死之徒，柔弱者生之徒。"

韩老师：请同学们看屏幕，老子通过"天下之至柔，驰骋天下之至坚"和"无有入无间"这两个现象得出"是以知无为之有益"，它们之间有什么关系？

刘若凡：天下最柔弱的东西能穿透天下最坚硬的东西，空虚无形的东西可以进入没有间隙的东西中，以此类推，无为胜有为。

韩老师：刘若凡总结得很好，至柔胜至坚，无有胜于有，同样无为胜有为。

在我的电脑上保存的十几个课堂纪实中，《道德经》第43章是我参与讨论最多的一次。即便如此，讨论课上的话语权基本还是由学生掌握着。出示讨论的话题后，学生抢着发表个人意见。假如达不成共识就会引发争论，出现一个对几个、一组对一组这种自然形成的观点对立的辩论集团。他们各自引经据典，努力说明己方的观点和意见，试图说服对方。其间插嘴的、反驳的、补充的，叽叽喳喳；辩得清的、辩不清的、越辩越糊涂的，形形色色。我不轻易否定，也不急于下结论。对于连专家都众说纷纭的问题，我一个小学老师下什么结论呢？学生搞清楚了固然好，搞不清楚又有什么关系呢？课内搞不清楚课外再辩，现在搞不清楚将来再辩。关键在于学生的思维活跃起来了，探求真知的程序启动了。翻工具书、查阅资料、上网搜索、向他人咨询，学生就是这么学习的，把主动学习、合作学习的理念与方法牢牢根植在心中。当学生眼中神采飞扬，脑中思维激越，口里妙语迭出时,老师不妨暂时"隐身"。

二、第二次教经典完善《读论语 学成语》

给2007级学生选择什么书用于课堂共读,我很谨慎,担心家长说"大人读不懂的书为什么让孩子读?"所以我选了一本选读本的《论语》,类似连环画的形式,带着故事,浅显得很。我们师生仅用一个星期就完成了那本《论语》的学习。同一系列的《诗经》《三十六计》《孙子兵法》也很快就学完了。然后我们开始了《读论语 学成语》的学习。这本书的难度不大,但教学的速度一直很慢,因为我边教边改,而且修改的速度慢。吴忠豪教授、《中国教育报》的专家都观看过我们师生学习这本书的情形。在《中国教育报》为我举办的"韩兴娥课堂教学艺术研讨会"上,我们师生在上千人的会场上解读《论语》,解读正气凛然的儒家精神。这堂课展示的不是我个人的教学艺术,而是对《论语》接地气的解读以及学生通过"海量阅读"所产生的灵气和正气。

◎ 学以致用让经典增值 ◎

关于该不该让小学生读经典的争论由来已久,双方各持一端,赞成者说是传承优秀传统文化之必需,反对者说是摧残学生之恶行。我本来就是不擅长思考与表达的头脑简单之人,再加上整天与小学生在3000个常用字中鏖战不休,实在没能力搞明白是公有理,还是婆有理。但我知道,如果小孩子能把这些艰涩的"老古董"学以致用,这些"老古董"就会焕发出新的光彩,小孩子也会由此产生兴趣,古文教学之路会越来越宽广。

在一些人眼里,读经典与"泥古不化"总是存在千丝万缕的关联,读经典与"摧残"学生总是如影随形。悠久的历史变成了沉重的包袱,传承经典文化成为一个沉重的话题。因为多数教师本身就是经典文化的门外汉,像陈琴那样随时随地活用经典、吟唱经典的老师凤毛麟角。由于缺乏深厚的传统文化底蕴,无论我们如何努力,总是难以达到一个高度。我的2000级学生在四年级时就通过了小学毕业测试,腹有诗书的他们到六年级学习《论语》时，也是经历了艰难的跋涉才柳暗花明。这期间，如果有来自学生和家长的强烈反对，读经典之旅就会搁浅。幸运的是，我和学生们硬是啃下了《论语》《道德经》两部经典，其中几多欢乐几多愁。

再学经典时，我不想重复老路，那条路虽然已经有了可以沿袭的足迹，但依然是狭窄之途，我的教学环境也与上届大相径庭。上一届学生的家长大多为工人或小商贩，他们任由老师"瞎折腾"；现在的家长多为公务员、大学教师，他们有自己的见解，更为看重孩子是否拥有欢乐的童年。他们不会允许老师为了不可预知的"未来前景"而牺牲孩子当下的幸福，于是我的读经典之旅有了更多的顾虑。

400首焕发着童趣的儿歌使我的一年级小学生有了400个成语、歇后语的积累，小孩子的活学活用使家长们对我的读经典之旅产生了初步的兴趣。我请家长把孩子运用语言的例子记录下来，发到我们的班级网页上，我从中摘取一些搬到课堂上，让"学以致用"发挥辐射作用，惠及更多的孩子。但小孩子的那点儿活泼却不准确的例子对于我们的"海量阅读"教学来说是杯水车薪，于是我在成堆的书籍和资料如烟的网络上搜寻运用经典的例子，累得头晕眼花。无数次揉着发胀的双眼，想到朋友郑飞艺的博士论文中描述的"一个人的课改"时，阵阵寂寞清冷袭上心头。

那些署名的、匿名的朋友从我的邮箱中要走了一份又一份浸透着汗水的材料，我感谢他们的信任。淄博的徐美华老师通过邮件、U盘，也要走了我的备课资料。奉送只是举手之劳而已，我也并没有想过要回报，心想那些杂乱、零散的备课材料到了别人手中也没有多大用途，但没想到美华回赠我这样一份厚礼——《读论语 学成语》。我一向是"不求甚解"理念的践行者，"诵读为主""归类诵读""学以致用"是我阅读教学的法宝，《读论语 学成语》落实了这些理念。美华搜寻了近200个与《论语》相关的成语，并配上"例句"，给学生一个学以致用的范例；"近义词、反义词"便于学生与其他知识"链接"，使新学的知识进入已有的认知结构，在大脑中构建新的关联，从而融会贯通，牢固掌握。

《读论语 学成语》让艰涩的经典更具现实的意义，"学以致用"让这些经典著作有了利用的价值。

我的2007级学生上六年级后开始学习《读论语 学成语》，我修改一篇，印发一篇。"不求甚解"的理念已贯彻五年，到六年级了，学生能不能理解《论语》呢？我专找班里的"超级巨懒"检查，却惊喜地发现，通过海量诵读白话文、文言文，全班的学生都能理解我和美华对《论语》的解读，并能结合自己的生活实际谈感悟。我们边学边修改，书稿蕴含着我和美华三届学生的智慧。因为担心两个小学老师解读经典可能会贻笑大方，所以，我第一次找陶继新先生写序言。陶先生通读全书之后给予了我们两个小学教师很高的评价。

我曾上过大型公开课《读论语 学成语》（六单元 雍也篇），其教学设计如下。

《读论语 学成语》（六单元 雍也篇）教学设计

【教学目的】

学习文言文，了解成语出处，能理解、运用成语。

1. 不迁怒，不贰过	2. 肥马轻裘	3. 箪食瓢饮
4. 中道而废	5. 行不由径	6. 文质彬彬
7. 因材施教	8. 敬而远之 先难后获	9. 乐山乐水
10. 从井救人	11. 中庸之道	12. 博施济众 能近取譬

【教学过程】

（一）今天我们继续学习《读论语 学成语》（雍也篇），先复习放假前学习的几篇文章，"开火车"读成语、读古文。

1. 不迁怒，不贰过

哀公问："弟子孰（shú）为好（hào）学？"孔子对曰："有颜回者好学，不迁（qiān）怒，不贰（èr）过。不幸短命死矣，今也则亡（wú，同"无"），未闻好学者也。"

不迁怒，不贰过：不将怒气转移到别人身上，不重犯同样的错误。迁：转移。贰：重复一次。

…………

8. 敬而远之　先难后获

樊（fán）迟问知（zhì，同"智"）。子曰："务（致力于）民之义，敬鬼神而远之，可谓知矣。"问仁。曰："仁者先难（劳苦）而后获（收获），可谓仁矣。"

敬而远之：尊敬他，但不接近他。表示尊敬但不愿意接近。

先难后获：先付出艰巨的劳动才能收获。比喻不坐享其成。

（二）今天我们讨论后四篇：9—12篇。

9. 乐山乐水

（1）为什么智者乐水？（回答，齐读）水根据周围环境的不同变成不同的形状，总向低处流，的确是谦卑的。智者谦卑吗？（不耻下问）

知（zhì，同"智"）者乐（yào）水，仁者乐山。知者动，仁者静。知者乐（lè），仁者寿。（物我两忘、心态平和，有利于长寿？乐而不淫、哀而不伤）

（2）①李白看过"日照香炉生紫烟"，看过"黄河之水天上来"，看过"蜀道难，难于上青天"，所以才有"安能摧眉折腰事权贵，使我不得开心颜"的潇洒，才会有"天生我材必有用，千金散尽还复来"的豪爽，才能成为中国最伟大的浪漫主义诗人之一。

②杜甫曾领略过泰山的雄伟："岱宗夫如何？齐鲁青未了。造化钟神秀，阴阳割昏晓。荡胸生层云，决眦入归鸟。会当凌绝顶，一览众山小。"所以他才能在自己穷困潦倒的时候还有着心怀天下、心系百姓的宽广胸怀。他家的房顶被风刮跑了，但他还想着"安得广厦千万间，大庇天下寒士俱欢颜"。

③苏轼一心为百姓谋幸福，却遭遇了九死一生的"文字狱"——乌台诗案。他被贬到黄州后，最初也很沮丧，但黄州的山让他物我两忘、身心皆空。

莫听穿林打叶声，何妨吟啸且徐行。竹杖芒鞋轻胜马，谁怕？一蓑烟雨任平生。

料峭春风吹酒醒，微冷，山头斜照却相迎。回首向来萧瑟处，归去，也无风雨也无晴。

——《定风波》

黄州的水，就是长江的水，让他又产生了建功立业的雄心：

大江东去，浪淘尽，千古风流人物。故垒西边，人道是，三国周郎赤壁。乱石穿空，惊涛拍岸，卷起千堆雪。江山如画，一时多少豪杰。

遥想公瑾当年，小乔初嫁了，雄姿英发。羽扇纶巾，谈笑间，樯橹灰飞烟灭。故国神游，多情应笑我，早生华发。人生如梦，一尊还酹江月。

——《念奴娇·赤壁怀古》

10. 从井救人

（1）这一篇讲了孔子师徒之间的什么故事？宰予如果像其他同学那样问什么是仁，孔子会根据他的性情告诉他什么话？

君子耻其言而过其行。

有道德者必不多言，有信义者必不多言，有才谋者必不多言……夫未有多言而不妄者也。

宰予被骂"朽木难雕"，但他为什么还是孔门十哲之一呢？从这个故事中，你能看出孔子师徒之间的关系吗？（喜欢爱动脑、有独立思想的人）

（2）可欺而不可罔的君子不会做无谓的牺牲，而是善于保护自己。比如，宁武子，"邦有道则知，邦无道则愚。其知可及也，其愚不可及也"。

晁错、岳飞、于谦，他们都是好人未得好报，他们有没有意识到自己可能不得善终的命运？他们难道不是孔子说的可欺而不可罔的君子吗？

①七国诸侯举兵叛乱时打的旗号是"诛晁错，清君侧"。晁错有没有意识到自己可能不得善终的悲惨命运？

②岳飞被十二道金牌召回时说了什么？十年之功毁于一旦，为什么不可以东山再起？他难道不知道宋高宗赵构不喜欢他把宋徽宗、宋钦宗迎回吗？

昨夜寒蛩不住鸣。惊回千里梦，已三更。起来独自绕阶行。人悄悄，帘外月胧明。

白首为功名。旧山松竹老，阻归程。欲将心事付瑶琴。知音少，弦断有谁听？
——《小重山》

岳飞没有知音可以诉说心事，他是不是知道宋高宗赵构不喜欢他把父兄迎回来？他为什么还要处处把迎回二帝的愿望说出来？

《满江红》："靖康耻，犹未雪。臣子恨，何时灭？"这是国家的耻辱，岳飞忍不住呐喊。

③于谦更是意识到了明英宗会记恨他，他的《石灰吟》告诉我们，他不在乎自己粉骨碎身，打算"只留清白在人间"。

这些人虽然没有保护好自己，但他们并没有被愚弄。他们是正气浩然的君子，是勇于担当、杀身成仁的仁人志士，是中华民族永远的精神财富。

11. 中庸之道

（1）"中"就是不偏不倚，既无过头，又无不及。我们以前学过相关的两句话。（子张和子夏二人谁更好一些？）

子贡问："师与商也孰贤？"子曰："师也过，商也不及。"曰："然则师愈与？"子曰："过犹不及。"

太刚则暴，太柔则懦，太缓则泥，太急则轻……善为之者，损其有余，益其不足，抑其太过，举其不及，大要归诸中和而已矣。

曾参的故事也说明孝顺是好事，但不能太过分；关心孩子是好事，但不能太溺爱。

（2）这样说来，中庸之道是不是取中间的骑墙之道、掺和之道呢？只是不偏不倚这么简单？

中庸之道是实行仁政和德政、建设大同社会的基础。什么是大同社会？

老有所终，壮有所用，幼有所长，矜（guān，同"鳏"）、寡、孤、独、废疾者皆有所养……是谓大同。

老者安之，朋友信之，少者怀之。

这样的理想容易实现吗？岳飞、于谦牺牲生命也没有为百姓换来安定的生活；屈原上下求索，最终绝望投江；孔子一生"知其不可而为之"，也没有实现理想……但儒家所描述的这个理想社会让我们无限向往，也激励了一代又一代中国人。他们能有如此高远的理想，得益于儒家修身的法宝和最高境界——中庸之道。

（3）中庸之道除了不偏不倚，还有什么更有价值的内涵？坚持原则不动摇，坚守正道，坚守公理、常理。举例证明：

饥饿愁苦困不倒，声色货利侵不倒，死生患难考不倒，而人之事毕矣。

（4）大部分老师两节课教一篇课文，咱们班两个星期学完课本，一节课学一个单元，是不是快得过分了？是不是不符合中庸之道？

12. 博施济众　能近取譬

如果我们家财万贯，也可以博施济众，造福一方。但如果我们没有这个能力怎么办？

能近取譬，能设身处地从身边的事情做起，也是实行仁的方法。

没钱没势的人能不能救百姓于水火？

墨家巨子，重厚少文。克勤克俭，身体力行。非攻兼爱，排难解纷。摩顶放踵，舍己为人。

墨子兼爱，摩顶放踵利天下（从头顶到脚跟都擦伤了）。

（潍坊北海学校语文老师　韩兴娥）

第七章

作文教学

作文晚写、少写,却能使学生写出高水平的文章,如何操作呢?

1

低年级写话晚起步

传统的中国语文教育讲究"阅读要早,开笔要迟"。曾国藩不让儿子过早地作文,他认为儿童的精力应花在读书和背诵上。书读得多了,需要表达的时候,自然会表达的。我的作文教学一直奉行这样的理念,学生那些优秀的文章不是我"教"出来的,而是他们"读"出来的。

一、一年级家长代子捉刀写"学以致用"

一年级是孩子们学校生涯中的"婴儿期",他们会写的字太少,写话是一件很费力气的事。他们只管"吃奶"——阅读输入,不适合"劳作"——写作输出。写话教学应尽量延后,同时要在当下的"读"与将来的"写"之间搭建一座桥梁——家长代笔记录孩子们的"童言趣事""稚语集锦"。

2007级学生在一年级时,我在网易博客上建了一个题为"学以致用"的文档,将其"置顶",请家长以第三人称写孩子们在生活中运用语言的小故事,发在"评论"中。后来在我们的班级网页上专门设了一个《学以致用》栏目。别看孩子们囫囵吞枣、不求甚解地阅读,但他们运用得很恰当,小孩子似乎特别喜欢口头运用所学语言。这是汶川大地震期间家长记录的小故事:

○孙陶看抗震救灾的新闻,常常看得泪水涟涟。学校号召为灾区人民献爱心,孙陶说:"这叫'一方有难,八方支援'。"

○19日晚上，妈妈和赵若雅看新闻，看到前去灾区的解放军穿戴整齐，若雅说："解放军叔叔都能做到'冠必正，纽必结'！"

○韩佳俊看汶川灾情直播时说："只要我们齐心合力，一定会把家园建设得更美丽。"

2014级学生家长直接在家长群中出"学以致用"的填空题互相"考"：

○晚上九点了，熙晨还不睡觉。妈妈在客厅大声喊："熙晨快去睡觉！"熙晨气呼呼地跑过来对妈妈说："咱们家就你爱摆老资格，你这个样子就叫<u>老气横秋</u>！"

○易冉今天在家学习，妈妈推门进她的房间，吓了她一跳，她自言自语："我这是<u>胆小如鼠</u>。"

○欣冉元旦放假从老家回来累坏了。爸爸说不做饭了，收拾一下中午出去吃饭，欣冉高兴地喊："<u>整装待发</u>喽！"

二、认识段落

初学写话要教给学生"段"的概念，怎样才算一段呢？我给学生讲"每段开头的标记是空两格"，但一年级学生对这么简单的一句话竟然听不懂，格式一片混乱。于是我给他们讲了一个故事：古时候有个万老爷，万老爷有个儿子，万老爷给万少爷找了一个老师，老师第一天教万少爷写"一"，第二天教万少爷写"二"，第三天教万少爷写"三"。万少爷学得不耐烦了，说："一就是一根棍，二就是两根棍，三就是三根棍，这么简单！我都学会了！不用老师教了。"万老爷很高兴，就辞退了老师，让儿子给一个朋友写信，于是万少爷就开始写信。他要写的第一句话是"万老爷说"。"万"怎么写呢？这可费大劲了，第一天万少爷写了一段。

学生听到这里不禁哈哈大笑，纷纷说："万少爷真笨。"

"别看万少爷笨，但他知道一段的开头要空两个格，后面的几行顶格写。同学们一定要记得。"我紧接着强调。

我继续讲故事："第二天万少爷又写了一段，这段写得长。但还是开头空两格,后面不管多少行都顶格写。"于是,我写了半黑板"一",学生哈哈大笑。"第三天,万少爷写累了,这一段只写了一行半,但还是开头空两格,后面顶格写。同学们别看万少爷有点儿傻,但他知道什么是'一段',你们知道吗?你写的小文章开头空两个格了吗?"

通过这个小故事,绝大部分学生掌握了"段"的概念。如果有的学生再犯糊涂,我一说万少爷的信,小朋友们立即表现出恍然大悟的样子。

每段开头空两格的道理好懂,但有的学生一下笔就忘。为了让学生养成每段开头空格的习惯,我设计了一张有趣的多幅"画配话"作业纸。在A4纸上画四个框,让学生在里面画画,每个框下面画两条横线,用来描述画的内容。这样就要求学生对图画的描写必须简短。如果他们忘记了在第一行空两格,我就要求他们擦掉重写,因为简短,学生对重写望而生畏的心理也就淡一些。这样有效地强化了每段开头空格的要求。

三、改错方式

低年级初学写作首先要养成及时改错的好习惯,我们的改错方式主要是"擦、描、抄"三种方式。

第一种是"擦"。"画配话"作业纸还有一种单幅形式,A4纸横排,左边是一个画画用的方框,右边是写字用的方格。单幅"画配话"作业纸只有方格,不像学生日记本那样有横格,所以改错的方式是"擦"——擦掉在原地方改。学生日记本的横格比较窄,小孩子写字大,见到错字我也不圈出来,而是在下面画条短线。学生擦掉错字并改正后,我在横线上加条斜线就变成了对号,再在分数旁(标明得了价值几分的奖状)盖奖杯或五星印章,表明这一篇日记合格了,学生可以去领奖状了。

第二种是"描"。比如缺了标点,我给加上了,学生就在我加的标点上用铅笔描一描。

第三种是"抄"。漏字、多字、不通顺的句子,我修改后,要求学生照抄那个句子。

多幅"画配话"作业纸　　　　单幅"画配话"作业纸

四、抄课文与"处女作"

我平生最不爱做的事情就是批改那些语句不通的作文，对批阅低年级学生的小文章更是头痛。如果孩子的文章仅仅是错了字，改错还算容易；如果句子不通顺，就必须面批，因为集体讲解后学生照错不误。标点符号的运用更是一大难题，标点符号分标号和点号，"点号"（顿号、逗号、分号、句号、问号、叹号）不能写在每一行的第一格，如果上一行没有格子了，就挤着写到格子里面。书名号、引号（标号）的前半部分不能写在一行的最后一格，书名号、引号的后半部分不能写在第一格。即使讲几百遍，有的小朋友还是会出错。简单一点儿的知识，比如标点占一格，或者每段开头空两格，有的学生也不会。一想到学生马上要上三年级了，作文不得不写了，我的头就晕了。

为了清除作文道路上的障碍，我首先教二年级学生抄课文。我选了《狐假虎威》《会走路的树》这两篇段落短、对话多的课文，让马丽华老师在学生的作业本上抄写并复印，给每个学生一份复印件照着抄写，用这种方式形象地告诉孩子们写作的格式。这是第一步"照葫芦画葫芦"。

学生用的练习本是每行8格的，我用电脑画每行9格、10格、12格的纸再次让学生抄写这两篇课文，有几个学生掉进了糊涂阵，格式乱了套。大部分学生能够"由此及彼"。这是第二步"照葫芦画瓢"。

第三步"照葫芦画瓢"的难度更大了——不再照格子纸中的课文抄写,而是照着书上的文章抄写。这样抄写,就是想让学生在具体的文章中明白作文的格式。对那些不会"照葫芦画瓢"的学生,就给他一份正确的作业再次"照葫芦画葫芦"。无论阅读还是写作,我相信举三反一的效果。

抄了几个星期课文之后,我终于忍不住想看看"实战"的效果。有一天,我让学生写《春天来了》,对全班学生来说,这是第一次集体写作,是孩子们的"处女作"。我很高兴地看到,我的小弟子们写的小文章篇篇格式正确,语句通顺,尤其是标点写得相当规范,还能自觉地分几个自然段,且没有一个汉字是用拼音代替的。有的学生在写的过程中问我某个字怎么写,但询问的人次不多,没有让我忙糊涂,我心情愉悦地把学生们询问的汉字写在纸上。学生的小文章虽然短,但很少有错别字。我把学生的"处女作"装订好放在桌上,一看到,甚至一想到,我就心花怒放。没有当过语文老师的人也许有这样的疑问:看到这些小文章仅仅做到了"通顺"就犯得着这么兴奋吗?

20多年的教学生涯中,我常常为了批改学生的作文而苦恼。有些文章错字连篇,多字漏字,读老半天也不知所云。提起笔来,耐着心性一句一句向下顺,十几分钟批改不出一篇,那滋味就如同喝中药,不得已忍受着,一口一口慢慢喝,苦不堪言。

如今,我终于摆脱了这种折磨,能不高兴吗?在未来的四年中,孩子写得轻松,我批得轻松,这样的日子才有奔头。

在集体写作前,我让郑丽萍老师把笔顺易错的字都抄写下来,给每个学生复印一份,不管学生是不是认识那些字,我都让学生抄了一个星期。于是,那些字的笔顺问题全被解决了。这样,清除了习作道路上的又一个障碍。在二年级下学期的课堂上,我偶尔让孩子们写篇小文章时,教室里都会响起一阵欢呼声。写作文不再是难事,而是孩子们的期盼,因为写作文对他们来说就像在畅通无阻的大道上行走,那是一件多么快乐的事!

2

**中年级作文
起步写游戏**

三年级的学生一入学,我教完课本后不急于带学生阅读其他课外书,而是集中时间让学生把课本上要求写的生字写扎实。如果有书的话,可以提前用很短的时间通读一遍三年级下册和四年级的教材,并照生字表练习写字。这是为了让学生会书写更多的字,避免写作文时有太多不会写的字。如果让我谈什么是理想的"海量阅读"环境,那就是一、二、三年级都不考写话及作文,师生在课堂上少写字、多读书。我把主要时间放到阅读上,使学生发展的潜力更大,作文用的时间尽量少。三年级上学期是我在作文上下功夫最多的时段。

一、三年级上学期作文教学计划

我一直不愿让学生写作文,除信奉"劳于读书,逸于作文"的古训之外,揭秘内心深处,恐怕是职业"倦怠"——对批阅作文已厌烦透顶。为此,我先让学生海量读背,期望他们能在此基础上写出通畅的文章。但阅读和写作之间有一道"坎",如何迈过去,我一直思考着。

幸运的是,当我的三年级学生到了必须写作文的时候,我认识了一位"另类"作文教学的专家——上海大学文学院的李白坚教授。我在国庆节前收到了他寄来的一包书,我先读了其中的《21世纪我们怎样教作文》。这位上海市写作协会副会长、大学老师,教起小学作文来果然与众不同,他的"快乐大作文"句句切中肯綮，没有那些让我厌烦的作文教学的老套子，使我很多朦胧的想法明晰了起来。我边读边思考：怎么把他的理念用到大班教学中。

◎ 作文游戏 ◎

每次作文都设计一个游戏。这是李教授作文教学的常规做法。游戏其实是很简单的，苏教版第六册教材中很多的作文和口语交际可以设计成小游戏：

第一单元：随便写。

那我们就不写了。随便写看起来容易，其实反而很难下笔。

第二单元：《我的自画像》。

1. 带面小镜子，边照边写，练练"写生"的本领，这样学生言之有物。写完外貌的学生可以写写自己的性格、爱好、经历等。

2. 学生上台后蒙着眼，再找几个学生上台让他摸一摸，然后让蒙眼的学生写出被摸同学的特点及名字。说准特点有奖励。

3. 写完后，作文汇总到组长手中，老师任意指定一个组员，让他任选一篇文章朗读，大家再猜猜写的是谁。

4. 这是谁？

带一张自己婴幼儿时的相片，投影给学生猜，猜对的说出猜测依据。

口语交际《当有人敲门的时候》：先模拟表演再写。

第三、四单元：景色。

1. 在书上先画画再写。

2. 带着外出游玩的相片或写生画，先说给同学听，再写。这要得到家长的帮助，更适合在家里练口头作文。请家长近期带孩子外出边观察边口头作文，可以先写日记。

课堂作文的内容是观察校园。

口语交际《学会自救》：看相关视频之后再写，更容易言之有物。

第五单元：动物名片设计大赛。

准备：带动物玩具、图片、资料等。

1. 全班猜动物。请几个学生上讲台背对着台下的同学，面向黑板。座位上的学生自告奋勇手拿一个动物玩具，描述这种动物的特点，让面向黑板的同学猜。

2. 同桌互相描述、猜测。猜测之后拿出相片、资料等讨论如何写出动物的特点。以同桌两人的作文成绩作为奖励依据，内容不同的文章得分更高。这样每个学生书面写一篇，但口述两篇。

3. 讲评：学生念自己的作文时故意不念动物的名字，让全班同学来猜。

第六单元：写文具。讲桌上摆几个文具，小组合作先说再写，比比哪个组写得形象生动，然后各人写各人的文具。

第七单元：摆玩具编故事。

1. 编故事接龙：学生自告奋勇上台一人接一句编故事，接不上的下台。

2. 四人小组合作编故事，小组成员边摆玩具边编故事，可以编得慢一些，把故事情节推敲得合理一些。四人可以写同样的情节，但不能抄袭。写完后小组内"朗读讲评"，选出最好的四人，准备参加全班的竞赛。这样可以促使作文弱一些的学生从其他同学的文章中受益。

3. 讲评方法：老师从每组中找一个学生读全组最好的文章，每一排三个组进行比较。这三个组中朗读的学生都是每个组中同一水平的，可以给每个组一个公平竞争的机会。

◎ 按时完成 ◎

限定时间，按时完成，李教授称之为"煎逼"。单项练习一分钟不等，综合练习当天上午交的一行得一分，下午交的两行得一分。初写作文，不论内容如何，给学生一个先入为主的理念：当堂完成，不拖拉。我也会像批"看拼音写汉字"一样，当天批阅完毕，并让学生当天改完错。

为了快速批阅，先不用本子，而是给孩子准备稿纸写，且尽量不要用红格的，红格的纸容易模糊老师的批改。我设计的作文用纸，格子大一些，横格宽一些，方便学生在原地改错。右边的空格可用于在不方便面批的时候进行旁批。

在"收卷"前五分钟老师提醒学生,学生可以迅速结尾。有空着格等待查字典的情况可以适当延长时间,这样鼓励学生一气呵成,写完之后再查字典。

二、作文起步教学案例:三次成语接龙

尽管提前读写是诸多同行成功的教学实验,但我不喜欢在低年级提前进行起步作文教学,教材上要求的写话也不让学生写。因为小孩子写字太慢,不会书写的字太多,低年级小学生写作文时遇到生字要么用拼音代替,要么查字典耽搁时间,要么围着老师问,总之,跟朗读教学相比效率低多了。我的弟子们升入三年级后的第一个月,我先用两周时间结束课本的阅读教学,让他们把生字写一写,尽可能地让学生多掌握一部分字的书写后再作文。然后开始作文起步教学,连续进行了三次成语接龙游戏。

◎ 第一次成语接龙 ◎

今天是第一次正儿八经地教作文。在学生做课间操时,我在黑板上写了这样两句话:

丁乐腾写上"唉声叹气",其他三位同学分别写:"气象万千、千方百计、计上心头。"

王朱颜忘了"头头是道"的"道"怎么写,梁家铭说:"'头头是道'的'道'就是'道路'的'道'。"并写在纸上让她抄写。

上课铃声一响,我先让学生读这两句话,告诉孩子们:"有的词需要引起读者的注意,所以要加引号强调。双引号中的词需要强调时,要加单引号。"这个知识点在前期教课文时我反复强调并让学生书面练习过,但在这次作文中还是一个难点。

然后讲游戏规则:"一个组用一张纸,全班八个组分别以'一、二、三、四、五、六、七、八'开头进行成语接龙,在规定时间内,能写几个得几分。书写不认真不得分。"

学生以四人为小组做游戏。

到了时间交上后,我问路欣毅的小组为什么写得那么多,原来,他们分工合作,有人写,有人查词典。我又问常博宇:"其他同学在写词时,你的屁股为什么没有在凳子上?"他说:"我急得在跳!""其他同学还有谁像博宇那样,在做游戏的过程中有引人注目的表情、动作?"这是在引导学生写细致。小孩子初写作文,老师、家长不要告诉他"中心明确、详略得当"之类的知识。这些写作知识会框住孩子的思维,他们只管放开手脚大胆地写。如何做到详略得当?写"成语接龙游戏"时,能写一写表情、动作、心情就行了。在批阅时,画曲线的文章都加了分。

我的批阅自然不会篇篇写评语,学生改完作文后,我像以前批改写字作业一样盖上印章,并及时给学生奖励与分数相对应的小奖状。下午放学前作文就会发到学生手中,方便家长查看。我在当天的博客上写明:

这次作文得分,从1分没得到20分不等。最差的就是今天没交、没改对的。没有改对的(看印章)要改正确,无法在原句上改就重抄写。明天交改错时同时交"罚款"——10分。没有交的(没有批阅的痕迹),明天交上"罚款"20分。没有小奖状交的,家长写条说明。得分依据是:写一行得1分,错一处扣1分,一个好句子奖2分。明天再写《成语接龙》,严格按这个标准加分、扣分。辛苦惠加、星辰、怡心、姝慧、晓榕、冠伊、晓宁、益嘉的家长把作文拍成照片发到家长群中。

10月9日第一次写作文,效果不错。中午我端着午饭到办公室"吹嘘"一番,跟马丽华这个唯一的听众交流。刚"吹"完,郑丽萍走进办公室,要求我再次"演讲",我干脆"现场办公",带她俩到七班教室看我写在黑板上的句子,又到我的办公室看学生的作文。最后郑老师拿走了李教授的两本书,并记录了《21世纪我们怎样教作文》中的一些片段:

孩子们写作文时想的是把那么热闹、那么有趣的游戏场面记录下来;把自己的快乐写下来,告诉别人。千万别牵挂着写多少字好交差;千万别想着老师说过"文章一定要开门见山";也千万别想着老师教导的"文章一定要首尾呼应"。

通过竞赛、猜测、模拟，作文的艰苦和困难在游戏的外衣下变得温和起来，变得被学生接受了。

小学三、四年级时主要怕他不写，怕他写不长。写废话？不要紧；写"流水账"？不要紧……只要他写得多，写得自如就好。就好像孩子学走路，走得摇摇摆摆不要紧，走得滑稽可笑不要紧。只要孩子肯走就好！就要夸奖。

学生作文层次不清的，应要求学生多分自然段，而且必须分自然段。

在我们的"快乐大作文"课堂上，总有一个环节，叫作"出什么题目好"，鼓励学生争先恐后上黑板写。

悄悄地批评，狠狠地表扬。

老师或者家长只指出有错字，而把具体的查找工作放给孩子，就让孩子产生了一种压力，他必须对自己的行为负责，此外还增强了他们检查自己错误的能力，这才是最重要的呀！

让学生了解什么是不正确的，而不要给学生造成"只有什么才是正确的"感觉，否则容易限定学生的思维空间和想象能力。最稳妥的办法是在他们不太通顺的语言下面画线，让他们自己去订正。

后来李教授到潍坊来听了我们师生的阅读课，并给孩子们上了一节课，小朋友们都很开心。

◎ **第二次成语接龙** ◎

第二次写"成语接龙游戏"，接龙的形式换了换，我让几个学生上讲台进行口头接龙，方便台下学生观察他们的表情、动作。如何具体生动地描写，这对我们有大量阅读的功底的学生来说轻而易举，再加上我每次都给画曲线的妙词佳句加分，所以学生们很乐于表现自己的文字功底。今天讲评时，学生又念了念画曲线的句子，不但露了脸，而且又得了一次奖，"名利双收"的小学生乐晕了！

我也乐晕了，因为大多数学生都能写出通顺的句子，几名学生的小文章虽然有一些病句，但通过面批，他们能听得懂，能主动地去修改句子。这对一个小学老师来说是件多么兴奋的事呀！这意味着，强化练习一段时间之后，就可以一劳永逸——这届学生在北海小学剩余的四年中，我不用再和那些文理不通的作文鏖战不休。有一次给外地同行讲课，我说我一天能批完60本作文，台下一片哗然，都以为我吹牛。我说："当学生作文中很少有病句、错别字的时候，我用读小说练出来的阅读速度，再把批语写得简单点儿，3分多钟就能批完一篇。如果错字、病句连篇，10分钟也批不完一篇。我批阅作文的高速度源自在学生一、二年级时打下的朗读功底。"

我们今天的耐心会给自己和孩子的未来创造轻松和成功，所以看到孩子写作文时存在什么问题，就和他搞一个相关的活动，让他多写一写，防止老犯同样的错误。

这两次作文的重点、难点还是标点运用。孩子们知道写对话要用冒号、引号，这次用引号是为了强调接龙的那个成语，但是一用到单引号，有的孩子就陷入糊涂阵了。

第一次作文，因为我在黑板上写了两句话，所以很多学生的作文没有开头，直接写游戏过程。于是在第二节课做游戏之前，我先在黑板上写了这样几句话：

1. 今天我们玩成语接龙游戏。

2. 下午，我们三年级八个班进行拔河比赛。

3. 体育课上，我们玩"两人三步走"的游戏。

结合这三句话，我先告诉学生，作文开头要用最简练的语言说明你要写什么。然后，我问："为什么'成语接龙''拔河'不用引号？因为这两个游戏是人尽皆知的。但'两人三步走'的游戏规则需要解释给读者听，这个词就要加上引号引起大家的注意。我们在写作文时，一般成语不用加引号，做成语接龙游戏时说的成语要加上引号，也是为了引起读者的注意。"

为了说明引号的这个用法，我又举了两个例子：

1. 我买了两斤葡萄。

2. 我买了两斤"红提"。

下午上课前，我在黑板上写上：

1. 宋怡心说："骄阳似火。"刘星辰说："祸从天降。"

2. 宋怡心说"骄阳似火"，刘星辰说"祸从天降"。

强调加了冒号、引号，就要用句末标点，且句末标点写在引号内部。如果只是把词引起来，逗号、句号就写在引号外。用孩子能听懂的话来说，引号如果和冒号连在一起用，就是"班长"，管着句末标点（。?!）；如果单用，就是"组长"，不用说句末标点，逗号都管不了，它只能管一个词。建议学生尽量用第二句的写法，让引号当"组长"，那样文章显得简洁。

我又在黑板上写了下面两句话，解释用了双引号后还需要再强调词语时要用单引号。

1. 马一鸣说"降龙伏虎"。

2. 马一鸣说："老师，接'降龙伏虎'行吗？"

我在当天的博客上写道：

下周一再做一次"成语接龙"，估计走不出标点糊涂阵的孩子会少一些。希望家长和学生在双休日练习一下，找合适的文章读一读，注意标点的用法。

朱颜不到30分钟写了300多个字，婷婷写了400多个字，倩雯、孙陶写得虽少，但没有一处错误。博宇的文章很短，但语言生动，文文的文章一如既往地让老师赏心悦目，梦溪的文章读起来也很轻松。这些优秀作品让咏晖带回家拍照。拍照的作品尽量不选同一个学生的，有些文章内容不错，但书写不工整，错误太多，希望那些学生下次争取到被拍照的机会。

昨天的优秀作文相片已发到家长邮箱中。

◎ **第三次成语接龙** ◎

第三次写"成语接龙游戏"，一是为了强化双引号、单引号的用法，这是难点；二是为了结合具体实例让学生感受如何写具体、写明白，这一点在前两次已学过。这次要渗透的新知识是"突出重点"。

一节课40分钟，既要做游戏，又要写文章，时间很紧。当堂交上并写得思路清晰的学生还是蛮有水平的。我从当堂交的文章中选出惠加、博宇、浩文、艺璇、欣毅的略作分析，然后请家长把优秀作文的相片发班级公共邮箱和家长QQ群中，还要辛苦上述优秀小作者的家长打字出来发到家长QQ群中供全班了解情况。

这次游戏，我先让各个小组内部口头接龙，然后分别让三个小组上台接龙。

第一个接龙的小组接了八个词："手到擒来、来之不易、易如反掌、掌上明珠、珠联璧合、合而为一、一心一意、易如反掌。""易如反掌"这个词说了两次，所以我说："又绕回去了。"就让他们结束并领奖。这一组小高想了半天，小张听了同学提醒的词才接上，我提示可以详写这两个人，其他的可略写或不写。

第二次接龙的是刘星辰小组，"大才子"刘星辰出师不利，还没有开始就结束了。

第三次先由航航接，但只接了一轮就又接上了"易如反掌"，和第一组重复了，于是我就不让他们接了。他们也轻而易举地得了5分小奖状。

我提示学生，这三个小组共12个人做了游戏，不要每个人都写。他们接龙的成语都写在黑板上了，也不用都写上，只写自己认为好玩的情节就可以了。摘录几个片段：

任叶萱毫不犹豫地说出"易如反掌"这个词，好像在此之前已经倒背如流了一样。（欣毅）

刘星辰后悔莫及地叫道："我真是'聪明一世，糊涂一时'呀！"韩老师说："你这是'出师未捷身先死'，其他三个组员还没有机会展示呢，他们'展翅高飞'的权利被你剥夺了。"（王姝慧）

下面是程惠加的全文，她写的层次很清楚，重点特别明晰。她对我说过的"写做游戏的人、接龙的成语能不用冒号尽量不用"理解得最好。

今天，我们玩成语接龙的游戏。

高怡恬先说"手到擒来"，其他三个同学脱口而出。

又一轮游戏，轮到用"珠"开头了。高怡恬说"珠联璧合"，其他两个同学又是脱口而出。轮到张哲源了，他很着急，像小猴子一样挠了挠头，却想不出来。

最后，他听到同学们小声提示"易如反掌"，他马上说了出来。哈哈！他真聪明！

下面是博宇的全文，博宇最应该受到表扬的是用了一个没学过的成语"忐忑不安"，这是他从《成语词典》上学来的。博宇的文章写得有声有色，把"又绕回来了"交代得很清楚。

今天上午，我们玩了一次成语接龙游戏。

高怡恬先开头，韩老师让我们以"手"开头，高怡恬想不起来，我们三个忐忑不安，突然，高怡恬说"手到擒来"。

然后，我们三个脱口而出："来之不易、易如反掌、掌上明珠。"

我们又轻而易举地开始了第二轮："珠联璧合、合而为一、易如反掌、掌上明珠。"韩老师大喝一声："又绕回来了。"

有的孩子总不明白文章的前后内容是有关联的。老师可利用一切时间面批，家长也可以经常问问孩子，他自己的文章好在哪里？差在哪里？同学的文章好在哪里？

三、教师"下水"，激发练笔兴趣

要求学生注意观察周围的事物，教师首先要做生活的有心人：发现值得动笔的材料后，要及时提醒学生观察，并亲自"下水"示范，或片断，或全篇；要经常把练笔的结果摆到学生面前，念给学生听，或贴于墙报上。北京著名的特级教师王有声老师写道："当前作文教学的学术流派很多，四十年来，我在理论上缺乏研究，教法上一直没有提出什么名堂。但每接一个班，只需一个月，教几节语文课，指导两次作文，再加上平日接触，学生很快从我身上感受到'作文不难写''作文挺有意思'。要问何以能使学生产生这一感受，教师'下水'是根本招数。"

教师"下水"，既能激起学生观察、动笔的兴趣，调动他们作文的积极性，又能直观地教授一些基本的作文知识，可谓一举多得。教师"下水"，必须明确它是写给学生看的，目的是帮助学生写好作文。所以必须写学生熟悉的人和事。写"下水"文并不局限于和学生一起作文，它的形式多种多样，其中将写作的过程展示在学生面前，是"下水"的一种好形式。徒弟向厨师学烹调，只在餐桌上品尝名菜是不行的，作文教学，其理亦然。因此，可将写作的过程展示在学生面前。一次，我收到学生的一件小礼物，礼物被层层包装，并夹了一封短信和学生亲手写的使用说明书。我把这件礼物拿到教室一层层打开展示，并说老师很激动，打算写成作文，让学生和我一起想想该怎样构思成文。第二天，我将草稿念给学生听，请他们提修改意见，当场修改，并将修改前后的文章拿给学生比较。这样使学生清楚地看到老师是怎样将平凡小事写成一篇具体感人的文章的，并使学生对"为什么修改""怎样修改"有所领悟。

以前对学生的作文不满意时，我就提笔"下水"。在从一年级带的大量阅读实验班的学生上三年级时，我"口头下水"比较多，因为这一帮学生有低年级大量阅读的基础，能比较流利地把自己的见闻、感受写出来，再说，对小学中年级学生也不需要提出比较高的作文要求，所以，我一般通过"口头下水"引导学生观察身边的事物。从观察各科教学、课外活动和朝夕相处的教师、同学开始，过渡到观察其他地方的景物；从观察能拿到课堂上的静物开始，过渡到观察其他物品。"口头下水"最多的材料是我最熟悉的语文课，是我自己，是我们班的学生。大量的"口头下水"，引导学生从生活这一活水中汲取素材，培养其敏锐的观察力，对"一言一动之微，一沙一石之细"都不轻易放过，练就一双锐利的眼睛，对周围的人和物烂熟于心，能出口成章。

3

中高年级
轻松作文

一、弱化写前指导

三年级上学期把作文基础打扎实了,从此一直到六年级毕业,我让学生写作文的次数都很少,每学期仅十篇左右,而且都是在课堂上写,课外不要求写日记,不要求抄写读书笔记,把时间省出来用于自由阅读。课堂上写的数量不多的作文有两类内容:一是课本上要求写的;二是读后感,以我们课堂上共读的书为内容写感受。

读《中华上下五千年》有感

刘墨涵

"唐尧虞舜夏商周,春秋战国乱悠悠。秦汉三国晋统一,南朝北朝是对头。隋唐五代又十国,宋元明清帝王休。"我们在韩老师的引领下在中华五千年的历史中遨游,从盘古开天到新中国成立,从刀耕火种到载人飞船问世,中国的历史源远流长,中国的文化博大精深。

通过学习《中华上下五千年》,我知道了国家兴盛的原因:一是君主圣明,二是取得民心。正所谓"得民心者得天下"。比如说唐太宗,他一生从善如流,闻过即改,曾经重用过魏征、杜如晦、房玄龄等人,"以铜为镜可以正衣冠,以古为镜可以知兴替,以人为镜可以明得失"便是唐太宗的名言。水能载舟,亦能覆舟。百姓既能拥护圣明的皇帝,也能推翻皇帝的暴政。隋炀帝暴虐无常，建东都，造运河，三征高句丽，耗尽了无数的民脂民膏。百姓纷纷揭竿而起，把他推下了帝位。

在中华上下五千年的悠悠长河中，涌现出了许多精忠报国的人物。他们或骁勇善战；或深谋远虑；或金戈铁马，气吞残虏。有锐意改革的王安石，有"先天下之忧而忧，后天下之乐而乐"的范仲淹，有"壮志饥餐胡虏肉，笑谈渴饮匈奴血"的岳飞，有"人生自古谁无死，留取丹心照汗青"的文天祥。他们都"以国事为己事，以国权为己权，以国耻为己耻，以国荣为己荣"。

但也有像秦桧一样的奸佞小人，当他们的奸计得逞时，历史告诉我们，坏人终将被钉在耻辱的石柱上。当岳飞含冤入狱，死于风波亭时，历史同样告诉我们，中国人向来不以最终成败论英雄，而是重视他们"富贵不能淫，贫贱不能移，威武不能屈"的精神。

纵观中华五千年的历史，"生于忧患，死于安乐"，我们要以史为鉴，兴利除弊，让我们的国家欣欣向荣，蒸蒸日上。

指导教师点评：刘墨涵的作文从"国家兴盛的原因""精忠报国的人物"两个方面说明了"生于忧患，死于安乐"和"以史为鉴"的主题，浩然正气充溢于字里行间。

我最喜欢的一篇课文——《厄运打不垮的信念》

郭葳蕤

明末清初，浙江出了一位史学家谈迁，他奋笔疾书，四处抄写，不顾路远人乏，为了抄写史料付出了极大的心血。二十年光阴在他的笔下掠过，二十年寒窗点灯苦写度过长夜。可是梁上君子进了他家，偷走了他二十年的时间，笔尖上的二十年真的没有了，二十年的心血被可恶的梁上君子带走了，那可是常人无法估量的价值呀！他夜难安寝，茶饭不思。

不过，他又站起来了！他特地到了北京，搜集前朝君主与百姓的奇闻轶事，并不顾年老体弱，挨家挨户地寻找有关明朝的史料。一袭破衫，风尘中寻访于都城；面对孤灯，撰奇闻以度漫漫长夜。很多人以为他是疯子，嘲笑他，讽刺他。但我想他一定不会在意吧，要不他是如何坚持的呢?！几年过去了，新的《国榷》诞生了！上次他用了二十年，这次他快了许多，因为他经验多了，以前的资料犹在脑中！

很多人的命运与谈迁一样，如司马迁，也是一位史学家，在狱中受尽折磨，忍受侮辱人格、摧残身体的宫刑，却还发愤写出《史记》！汉武帝摧残这朵"盛世奇花"，为的是不让他写出自己的恶行，但他不以己悲，以苦难为师，发愤图强，在中国的历史上留下了浓墨重彩的一笔！

人的一生是一次漫长的旅程，会有坎坷泥泞、洪水猛兽，但只要坚持，为了一个目标勇往直前，最终是会成功的！

韩老师的评语： 读葳蕤的作文不禁拍案叫绝，在只会"缩写"课文的诸多文章中，葳蕤的文章鹤立鸡群！她用自己的语言边叙述故事边写感受，丰富精彩的语言显示了葳蕤深厚的阅读功底和对语言的感悟能力。葳蕤让韩老师引以为豪！

写课本上的作文时，写作前指导内容很少，主要是提前告诉学生要写什么题目，让他们观察、思考，上课时发下作文本就让学生写，注重作后讲评。由于已经打下了良好的阅读、写作基础，学生言之有物，下笔成篇，很少有面对作文本发愁的学生。每次都有一半偏多的作文颇有文采。由于写前指导少，内容是真实的生活，学生的作文百花齐放。到五年级时，学生一节课能写出600个字的作文，篇篇文从字顺。如果不写评语，我半天就能批阅完全班的作文。如果逐篇写评语，第二天能批阅完毕，然后进行讲评，讲评课上学生互相学习、互相纠正。如果学生写跑了题，我就在评语上写几句话让学生思考。学生能通过评语和讲评发现自己文中的问题就可以了，我不要求他们重新写，为的就是让学生轻轻松松地写，不要存在畏难情绪。

作文教学的重点放到了讲评课上。

二、讲评课上成读书课

我的作文教学弱化写前指导，但强化写后讲评，就是为了让孩子的作文百花齐放。讲评课以学生读书为主，在我嗓子哑了的时候，讲评课照旧能上。

哑嗓子后的第一个星期，我让学生轮流上台读《穿越唐诗宋词》中我要求他们诵读的段落，学生一边读，我一边简单说几句，引导学生理解，同时把易错的词读三遍。好在教室里有话筒，我也不用说几句话。集体读半节课，剩下的时间让学生自己读，也安排了优秀的学生一对一听学困生读。学生或者读或者写，没有一个捣蛋的，我则坐在讲桌前批阅作业。

第二个星期写以"语文课"为内容的作文，然后我把优秀的作文设成大字映到屏幕上，让学生读作文。其中有这届学生的作文，也有上届学生的，作文内容都是与"语文课"相关的。"哑巴"老师的课堂上竟然笑声不断，因为文章写得好哇！那都是真人真事。孩子们对学长学姐的事情也了解了不少，对几个"著名"的学长学姐，虽然没有见过面，但从作文中已十分熟悉了。所谓作文赏析课，其实"赏"远远大于"析"。虽然深知"语文教学以读为主"，但如果嗓子没有问题，我仍然会忍不住多说几句废话，当老师的，顽固着呢，跟家长一样，不啰唆就好像没有尽到责任。

好在语文好教，学生只要自己多读书就能有长进，老师的作用更侧重于引导。其实，只要学生诵读的量达到一定程度，阅读和作文水平就会水涨船高。

请看学生们以"书虫"为题的大作，我自愧不如！

我是我们家的"顶尖级大书虫"。我最喜欢看的书是《神话故事》《童话故事》《真情故事》等。当我看情感故事时，我就会同书中的主人公一起号啕大哭，一起破涕为笑。我捧着书哈哈大笑或愁眉不展时，妈妈便会在一旁摇头说："唉！我家的'小书虫'又钻进书里不能自拔了！"自从我学了《穿越唐诗宋词》之后，我会在细雨绵绵的春夜里，同李清照一起促膝交谈；我会在皓月当空之时，陪同李白游历名山大川；我会在落叶缤纷的季节，到陆游的案几前聆听他的铁马冰河的雄词壮句；我甚至会在大雪纷飞的严冬，披盔戴甲伴随辛弃疾驰骋沙场……

我家的书虽然已经很多了，但是依然在与日俱增。我们家的"书虫"们每天沉浸在书香中，欣赏春雨、夏花、秋月、冬雪的魅力；品尝人生的酸、甜、苦、辣的滋味；看庭前花开花落，体会宠辱不惊的淡然；望天上云卷云舒，体验去留无意的潇洒……

以书为乐，乐在其中！

——闫冠伊

"为中华之崛起而读书。"几十年来，周恩来总理所说的这一句铿锵有力的话，点亮了多少中国人浑浊的双眼，敞开了多少中国人狭隘的胸襟，警醒了多少得志的小人、当道的权奸！为了中华的崛起，我们都应该成为"书虫"。

——张倩雯

我们家都是书的"铁杆粉丝"，我是最爱看书的"小书虫"。每次去书店，我就会飞快挑选自己心向"买"之的书，接着是一顿唾沫横飞的波唇浪舌，父母的"心理防线"终于被我的唾沫淹没了，我得到了自己喜爱的书。

——台浩文

俺最大的特点就是看书看得飞快。记得去年暑假，城市犹如燃烧之火宅，天地仿佛铸剑之洪炉，这样的日子真难过。老妈知道我喜欢读小说，给了我一套《彩乌鸦系列》丛书，整整20本哪！这些书很快成了我的解暑良药。荡舟在书海中，感觉松风送爽，绿竹摇风，读飞瀑似银河倒泻，看清溪使遍地生凉，在那种幽静的书海中流连数日，真犹如洞天福地中的神仙，身上的暑热、心里的烦闷都消失得无影无踪。就这样，20本书不到一个月就被我全部"干掉"了。

——张益嘉

忍不住向八班语文老师郑丽萍炫耀上面的作文。丽萍啧啧称赞，感慨有些老师、家长也写不出如此文采飞扬的文章。我说没什么秘诀，那些最精彩的文句都来自刚刚学过的《穿越唐诗宋词》。丽萍说在我班教室看过那本书，很难懂。我说："我读第一遍、第二遍也觉得难懂，但读上十遍就懂了。"

丽萍是深受家长认可的老师，她休产假期间，家长们急不可待地向我和校长询问："郑老师什么时候上班？"丽萍的教学既能扩充阅读，也在一定程度上沿袭常规教学的路子。这种中庸之道最稳当，不像我这样"偏激"。数十年细读课本的语文教学之路已让绝大多数人习以为常，像我这样两个星期教完后把语文课本扔一边的教法难以得到习惯思维的认可，得到家长的认可也得要有充足的时间。毕竟考试成绩容易提高，而打下坚实的"童子功"并彰显优势，非一朝一夕之力。但不如此"偏激"地轻装上阵，四年级的小学生能写出如此精彩的文字吗？"海量阅读"何时能堂堂正正地进入课堂，而不必担心来自家长、来自上级、来自考试的束缚？能轻车熟路地进行"海量阅读"的老师何时能在各种赛课活动、教学能手的评选中轻而易举地脱颖而出？

当学生作文中出现的妙词佳句是出自大家共读的书时，其他学生的眼睛立即亮了，集体拍案叫绝："人家用得这么恰当，我怎么没想到呢？"于是更多的学生举一反三地学以致用。于是"哑巴"老师的作文赏析课上，学生琅琅的书声、会心的笑声、顿悟的感慨声不绝于耳，每个孩子的大脑都在快速运转，每个孩子的眼睛都在看着屏幕，每个孩子的嘴巴都在读着文字，"哑巴"老师不用讲解，也不用维持纪律。

作文赏析最常见的方式是让一人读、众人评，但我喜欢让学生看屏幕出声朗读，这需要把学生的作文做成课件。

"听、说、读、写"不能平均用力。学龄前儿童以听、说训练为主，家庭、社会为孩子提供了听、说的训练场；工作以后以"写"为主，读书的黄金时段已经过去了。就像我们老师，在八小时工作时间内有多少读书的时间？八小时以外又有多少读书学习时间？像我，乐在其中的就是把工作当学习，不断地和学生一起读新书。对于中学、大学的语文教学我是门外汉，但小学阶段的教学我还是有发言权的，读书应该成为语文教学的主旋律。于是我在自家的"一亩三分地"上大刀阔斧地"改革"：

对口语交际，我视而不见；

日记，不写，每周写一篇作文就足够了；

对读书笔记，我不做要求，边读边画边背的习惯比抄写任何读书笔记都重要。

于是作文赏析课就成了读书课。

我们家有一小一大两只"书虫"，一只是我，另一只是我老妈。

我妈妈是一只"网络书虫"，有时候"奋斗"到半夜两点钟。我是一只正宗的"纸书虫"，读起书来就像一只如饥似渴的小野狼猛啃肉骨头一样舒畅。妈妈在网上看书，有时候看得大笑，但是大哭是不可能的，她是女强人，连喝水都得我伺候着。

我也经常在晚上黄金时段看书，就不愿意乖乖就范，便很不耐烦回答："你不会自己拿嘛！"嘿嘿，这样也是为了老妈好，减减肥，活动活动筋骨嘛！

——郭葳蕤

文中的家长、同学都是全班同学所熟悉的人物，他们在纸上、在屏幕上呼之欲出，引发阵阵笑声。这样活泼灵动的文字更是学生的最爱。

三、写提纲事半功倍

我曾两次听过魏书生老师讲他要求学生写日记的事，还阅读了许多作家介绍自己写日记受益匪浅的文章，也听到许多同行指导学生写日记的经验和收获，我坚信写日记对提高表达能力是很有好处的。可是我注意到每天读书学生很乐意，每天都写日记他们就不高兴了。于是我就把写日记变成写日记提纲，学生写得快，老师批得也快，其中优秀的选材也能快速反馈给学生。每周的提纲交流课成为学生最喜欢上的课。

在《有趣的提纲交流课》中徐钊写道：

在所有的课中，我最喜欢提纲交流课。

我们每天的家庭作业就是写一个提纲。在提纲交流课中，同学们积极回答问题，既得到了欢乐，又得到了知识。

胡月的提纲中的精彩片段是写自己发烧的样子，说自己像一张纸轻飘飘的，脑袋里好像有一窝蜂在叫。我立刻想出了那幅情景，老师让我重复一遍。我站起来，刚说了一句，脑子里一片空白，我不由得紧张起来。老师并没有生气，还模仿胡月的动作，我突然想了起来。背完后，老师微笑着，我心里也乐开了花。

....

我最喜欢上提纲交流课，因为我们可以在课堂上一边汲取同学们的优美词句，一边帮助同学改正错误的句子，让自己的作文更出色。

提纲中的精彩片段词句优美，笑料百出，更重要的是写提纲能给作文铺设一条康庄大道。因为写提纲可促使学生用心去观察生活，同时思考提炼文章的中心，动笔时5分钟就能搞定一篇。经常写提纲使学生积累了丰富的素材，到写作文时就下笔如有神了。现在学生习惯于每天都写一篇提纲，都从身边一些不起眼的小事写起，来练就一双发现美的眼睛。

在《天才有个锦囊》中刘娜写道：

"天才有个锦囊"是韩老师常说的话。的确，天才要有个锦囊。那么，锦囊里要装什么呢？首先，要把积累的词语或者句子装进这个锦囊中去，积少成多，聚沙成塔，久而久之就会养成自觉积累好词好句的习惯。如果你能做到这一点，那么便等于迈出了成为天才的第一步。然后，还需要一双发现美的眼睛。有些同学在日常生活中根本就没有发现过美，便认为生活中根本就没有美的存在。其实并不是那样子的，生活中并不缺少美，而是缺少一双发现美的眼睛，所以，我们需要一双发现美的眼睛，这是必不可少的。把每天发生的新鲜事记下来，装到锦囊中去，把所见所闻写成文章，既能丰富我们的表达，又能养成好习惯，这便是成为天才的第二步。

　　为了让我们成为天才，老师为我们提供了良好的条件：经常让同学们把好的提纲念给大家听，让我们及时积累其他同学的妙词佳句，等我们写相关的作文时，便可以灵活运用这些语言，让美好的文字在笔端流淌，形成一篇篇佳作。而且老师几乎不给我们布置作业，让我们可以有充足的时间在大量阅读中积累好的文字，观察发生在身边的一切，用耳朵听世界上所有生物的声音，用心去感受世间万物生命的搏动，让我们对学习有着浓厚的兴趣，对生活更是有着强烈的爱与追求。

四、写着玩的"循环日记"

　　每个学期我都会找两个特别轻松的星期写"循环日记"。什么是"循环日记"呢？我把学习水平不同的四个学生分为一组，共用一个本子，每人写一天，四个人轮写一遍之后交一次本子，老师批阅打分，四人的成绩作为小组共同的分数。这一方面可以促进孩子之间相互学习，给"慢孩子"以学习的机会，给优秀的学生以"为人师"的机会；另一方面也能借助"群众"的力量来促使"懒蛋"们勤奋一些。"循环日记"四天才轮一次，负担不重；虽然不是天天写，但天天受到学生的关注，天天记在脑中的事情容易形成习惯；优秀的学生在课堂上有充足的时间写，学困生有人促着写、帮着写，不用占用学生的休息时间，真是一举多得的好事！

　　我要求写"循环日记"的那个星期，课堂教学内容安排得很少，学生既可以在家里写，也可以在学校写。每个小组成员写完后都要找家长签字，这样也便于家长了解其他学生的情况。

　　由于"超级巨懒"拖后腿，后来"循环日记"变成了学生自由组合来进行。学生们的日记语言，一个比一个"贫"，一个比一个"溜"，毫不费力地表达自己的见闻感受。请看帅小伙哲源的文笔：

精彩的星期五下午

张哲源

今天是星期五的下午,也就是学校规定的大艺体时间。

"丁零零"上课铃响了,我和小伟、小凯一起走出了教室门,只见外面人山人海,不时像清泉出水一样,从教室里窜出一股人流来。

到了楼梯前,我们发现已经"人流堵塞"了,简直堵得连只苍蝇飞进去都很难。小伟只好挺起身子,自告奋勇地向前冲去,他还说了一句令我们群情激昂的话:"兄弟们冲啊!前面的子弹我来挡。"我们当然不会"见死不救",只好"明知山有虎,偏向虎山行"了。

历经"九九八十一难",我们终于到达了魔术班级……下课铃响了,同学们欢呼一声,下楼去玩了。紧跟"潮流"的我,当然二话不说,跟着"人潮"奔向操场。

看着外面一片黑压压的人群,我当机立断,立马拍板,让我的"必杀技"登场,它就是"凌波微步"与裘掌门人的独门轻功"水上漂"的融合版——"迅雷功"。它有"凌波微步"的轻巧,是闪避攻击的最佳选择;也有轻功"水上漂"的快速,堪称"一日千里",是旅游、出差、遭遇劫匪时的必备之功。接着,我就跟小伟、小凯会合了,我们往操场望去,操场上井然有序,完全不似大厅里乱糟糟的到处是人。我们满操场寻找同班同学的踪影,结果连个影子都没找到。突然,小凯叫道:"张文浩在那里打篮球。"我们往篮球场望去,果然如此,张文浩正在悠然自得地打篮球呢。这真是:三人寻他千百度,蓦然回首,那人却在篮球场处。我们正要去找他,突然,上课铃响起了,操场上无数人如千军万马般奔向教室。我们三位大帅哥来玩玩,可这破铜烂铁般的上课铃声也不给点儿面子,这么快就响起来了。

我又开始练习魔术了,别看这魔术操作简单,其实"大智若愚"。看到我同桌操作得炉火纯青,我心里佩服不已。或许是我愚公移山、精卫填海的精神感动了上天,我终于练会了这个魔术。看到我的辛苦得到了回报，旁边的老师向我投来了赞许的目光。过了很长时间，终于下课了，幸亏魔术课放学早，不会遇到"交通堵塞"的现象。

今天下午可真是内容丰富，精彩万分。

网友"再别康桥"跟帖：

当我读完这篇文章时，我立即叫来了已读五年级的儿子看，我相信他一定有感觉。果真，当孩子读到"'必杀技'登场，它就是'凌波微步'与裘掌门人的独门轻功'水上漂'的融合版——'迅雷功'……"这几句时，眼睛立即放光，笑着重复着上面的话，是的，孩子找到了似曾相识的感觉，他一边惊叹您班学生的语言丰富，一边感慨能读到也如他般喜欢金庸作品的同龄人的日记。感谢！从小作者的身上我又找到了进一步引导孩子写日记的小方法。

五、如何写好记叙文

古人以"功夫在诗外"来论述写诗的技巧，对于小学生常见的记叙文，也同样是"功夫在写作之外"。大量诵读是写好文章最坚实的基础，有了满腹诗书，自然就会出口成章。

我的课堂上有了每学期一百万字的诵读之后，学生的作文无论是文字水平还是情感表达，都有了一定提高。

一生叱咤战场的岳飞，一首《满江红》豪气冲云天的岳飞，却也有他的无奈。顶天立地的抗金名将也有"欲将心事付瑶琴。知音少，弦断有谁听"的苦涩。又有谁知晓，马上就要"直捣黄龙"的岳飞，却被宋帝用十二道金牌生生拦住，功亏一篑是一种怎样的无奈。

——郭爽

郭爽看待岳飞就不再拘泥于抗金名将这一个视角，而是进入了岳飞的内心世界。这正是因为她诵读了《中华上下五千年》和大量诗词。

积累素材的作用也远远高于写作技巧的训练，掌握了积累素材的三招，记叙文的写作便会游刃有余。

第一招：丰富生活内容。学生的生活是比较单调的，整天上课、做作业，做一些没有多大意义的游戏，作文时自然缺乏素材，觉得无话可写。那怎么办呢？办法之一，就是在学好功课的同时，积极参加一些有益的活动。在夏令营中，练武术、练书法、比赛讲故事；课余时间参加兴趣小组活动、参加文体比赛、打扫公共场所、帮助同学学习；在家里，可以进行手工制作、做科学小实验、种花草、养小动物，做一些力所能及的家务。除了亲自去做，还要多看、多问、多听、多想，增长见识。这样，有了丰富多彩的生活，作文自然就有了丰富的材料。

第二招：注意观察事物。生活中并不缺少美，而是缺少发现美的眼睛。我们的周围有说不尽的人、事、物、景，只要我们注意观察体验，就会发现许多可写的东西。

例如在学校：你上过那么多课，有不少课老师讲得精彩，你听得很专心，当时老师怎样吸引了你的注意力？你又怎样兴致勃勃地参与了课堂活动？考试前前后后的心情与平时有什么不同？一只小鸟飞进教室时各人表现如何？星期一升旗时如何严肃、庄重？下课后同学们又如何嬉戏？同学之间怎样闹矛盾及怎样和好？受到老师的批评和表扬有什么反应？全班同学的相貌、性格、习惯有什么不同？教过你的几位老师有什么不一样？……

又如在家里：家里发生过什么高兴的事？为争看电视节目怎样争吵？邻里之间有什么风波？对于赡养老人父母各持什么态度？周末一家怎样忙家务和玩耍？你取得成绩时家长怎样鼓励？退步时家长是什么态度？

引导学生们要从生活这一活水中汲取素材，培养敏锐的观察力，才能出口成章，下笔成文。

第三招：及时记录素材。也许许多事情曾使你幼小的心灵震颤过、激动过，但当时没有记录下来，事过境迁，再来回忆，那时候的细节、心情、感受都已淡化，甚至回忆不起来了，所以写起来就会感到吃力，更难以写得具体、生动、真切。因此，要养成写"随笔"的习惯，手勤笔勤，及时记录素材，这样作文时就能得心应手。为了省事，学生们也可以写提纲——写写大体意思，还要加一个"精彩片段"，用最节省的笔墨记录多彩的生活。

当然，诵读和积累之外也有小小的写作技巧。比如，文章的六要素要交代清楚，要写清事情发生的时间、地点、人物和事情的起因、经过、结果这六个方面；还要做到详略得当，突出重点；描写环境，烘托气氛；首尾呼应，浑然一体；篇末点题，突出中心；还有顺叙、倒叙、插叙等。这些知识，学生们应该了解，但不能陷进去。如果陷入写作技巧的"泥淖"，作文就成了一件苦差事。如果把作文当作用笔说话，将生活中的口语落到纸面上，就是最优秀的作文。赵瀚林写他们的小组，都是平日学生们开玩笑的话。

我们的合作小组（1）

赵瀚林

我们的合作小组里有我的好朋友乔彦聪，有能文能武的大美女王艳，有爱欺负人的杨超，还有呆头呆脑的我。

组长乔彦聪人称"大喷壶"，每次说话都是唾沫四溅，令人防不胜防，躲不胜躲，太恐怖了。他有这样的"喷壶嘴"是理所应当的，因为他是大班长，整天管教别人，所以就练成了"喷壶嘴"。

我的合作小组（2）

赵瀚林

我的合作小组除乔彦聪这位铁哥们"涛声依旧"之外，换了两位千金大小姐：一位是人称"两面人"的倩男，她的出现使我们组的周围充满了杀气，令人心惊胆战，十分可怕；而另一位是我们班的诗人兼小说家曾祥君，可谓是"文采出众"，使我佩服不已，都可以当我的师父了。

先从倩男开始谈起，之所以给她起个"两面人"的外号，是因为她有时凶如猛虎，有时温柔可爱像小兔，让我们感觉无所适从。有一次，下了课,有一些爱捣乱的男同学就在离她特别近的地方说她的坏话。她听见之后,大发雷霆,霎时间好似一只发怒的老虎,可怕至极。如果她看着你高兴,她就会向你发"一万伏特"的电,电得人浑身颤动。比如说我早早写完了作业,她就说:"瀚林哥哥,你太好了!"一边说一边发起电来了,电得我差点儿晕倒。

学生们在开开心心读书时记得"日有所诵",把那些打动自己的文字装到头脑中,加上生活中的观察与思考,不知不觉地就能进入"下笔如有神"的境地。

六、阅读量变引发作文质变

我们先来阅读两位小宋的作文。

"书虫"大赛

宋怡心

"今天,世界书虫大赛的总决赛要开始了!下面,我们来看一下两位选手的简介。"主持人说,"第一位选手——来自中国的宋怡心。"

大屏幕上显示出了她的简介:宋怡心,潍坊北海学校四年级七班的一名学生。自一年级起就在齐鲁名师韩兴娥老师的门下学习,是一位韩门弟子。爱书事例:有一次,她为了完成读书的任务,晚上 10 点钟睡觉,早上 5 点钟起床;为了能让自己起床,她定了三个闹钟,其精神十分可嘉。

"下一位选手——宋智兴,也来自中国,是潍坊市一名尽职尽责的公务员。他在空暇时间十分爱看书,得到一本书后,恨不得一口气读完。爱书事例——得到一本《共产党简史》后,认真研读,甚至连他最爱的电视和电脑也置之脑后,其爱书程度入眼便知。"

经过比赛,两位选手"打"得不可开交,难分伯仲。所以主持人宣布:"二人并列第一!"

我班的"书虫"多又多

宋佳怡

众所周知,我们北海学校四年级七班是出了名的"海量阅读"班。从大老远跑来专程听课的人,可以说是不计其数!知道我们班的人好似春风吹遍大地,似繁花盛开原野。那人数,可是相当的多啰!所以,我们班在省内外可是享有盛誉的。

因此,我们班涌现出了许多"书虫",真可谓是"名师出高徒"哇!今天,我就给大家讲讲。

先来说说本人的"兄弟"宋怡心,她从小就爱读书,读好书。一上学,她便名列前茅,这不,学校前几天要评"读书之星",我想当然非她莫属了。在走廊上,在教室里,宋怡心总是爱捧上本课外书,这几天,她又开始看《格列佛游记》了。在我们班,她是第一个背完《穿越唐诗宋词》的,还被韩老师誉为"大闲人"哩!"大闲人"早早完成老师布置的学习任务,可以在上课时间任意看课外书。因此,"大闲人"是我们全体同学心向往之的光荣称号。

再来说说台浩文吧,他虽然是"重量级"人物,但没有把心思放到吃上,人家是"两耳不闻窗外事,一心只读圣贤书"。瞧,人家又在读《孙子兵法》了,他背书的速度超快,十分厉害!

最后来谈谈张哲源,他才思敏捷,妙语连珠,经常在课堂上因说出自己的见解而博得大家的掌声和喝彩声,这无疑是课外书的馈赠。他读书很快,一本500多页的《哈利·波特》一天就可看完!神速兮!小张三年级时就看《明朝那些事儿》,俺什么时候能像人家一样啊!

我们班还有很多"书虫",数都数不过来呢!我觉得,我们班可以被称为"书虫班级"了,你说呢?

怡心是班里的"超级大闲人",要学两个星期的一本书,她两天就能达到自学要求,然后优哉游哉地在课堂上大看课外书,同学们谓之超级聪明。可这位超级聪明者的作文却很少出现在《作文周报》上,就连这篇引发同学哄堂大笑的佳作也是如此短小，比起那些经常刊载作品的班级"小作家们"，怡心还要逊色很多。佳怡背书比怡心慢一些，但每次都能达到"三星级"标准。课堂上这两个孩子都是班里的"铁嘴"，她们俩在课堂上谈起唐诗、宋词来，那是相当深刻与精彩，她们在课堂上、大会场上神采飞扬地咳珠唾玉的形象相当迷人。

这就有些让人纳闷了，我整天讲我的"歪理邪说"："语文教学以诵读为主，有了满腹诗书，就会出口成章。"为什么到了两个小宋这里不太管用呢？怡心的家长无条件地信奉我的"海量阅读"的理念，从没有质疑过，是和我虽然没有多少联系，但一直让我感到很贴心的家长。孩子轻轻松松背诵了很多文章，课外经常没有一点儿语文作业，用自己的经历告诉周围的人"海量阅读"无课业负担。文中出现的"三个闹钟"之事，是孩子为了提前完成任务早一天当上"超级大闲人"，而对自己提出了"超高级目标"，她想用一天的勤奋换取半个月的悠闲。佳怡的妈妈也整天羡慕别人，给佳怡树立了小贺、浩文等一个又一个榜样，可这位佳怡小朋友总是离榜样差一截儿。

为什么怡心的理解力、诵读量与作文水平不成正比？

其实，大家观察我们周围的人，观察一届一届学生，观察每个班的学生，就能发现一个显而易见的现象：每个人都有与生俱来的长处和短处。怡心做事有条有理，擅长理性思维；佳怡热情洋溢，擅长口头表达。她们的作文在起步阶段并没有表现出优势，但其他方面比别人优秀。从作文的细节上分析，怡心的作文很少有错字、病句，比某些热情似火的文章要规范。上届学生也是这样，外号"大聪"的班长乔彦聪的作文总是"短、平、快"，但他的数学成绩是最优秀的；作文最出色的刘若凡是个文文静静的女孩，她的作文水平在三年级时已令诸多老师望尘莫及。

尺有所短，寸有所长，取长补短，相得益彰。两个小宋的作文水平虽然与冠伊、浩文、倩雯等"小作家"还有一段距离，但已经在四年级、在学写作文的第二年就呈现"小荷才露尖尖角"的态势，令人欣喜。佳怡妈妈多次对我说，虽然孩子的作为错字多，虽然孩子擅长说不擅长写，但她相信量变会引起质变的规律，大量诵读优秀篇章，诵读到了一定数量，孩子的作文水平一定会有质的飞跃。飞跃需要多长时间？或许明年，或许后年，或许进入中学后，但总会有这么一天的。

无限地相信书籍的力量吧！

一鸣、瑛琪、惠加、佩洵、婷婷等小朋友也应该是擅长理性思维的人，我猜测他们的数学成绩都挺好，因为他们三年级的"处女作"条理清晰，很少有语病。他们的精彩之作较少，与天性有关，也与诵读的量不足有关。跟数学老师聊学生时，我说根据作文情况，我能猜出学生学数学的长处与短处，数学老师说我猜的没有太大出入。

我在学生时代也是理科明显优于文科，作文写得通顺但平淡，直到现在还是如此。总是忍不住幻想，如果当年我背诵足够多的好词佳句，现在也能够文采飞扬。但"童子功"的缺失是永远无法弥补的遗憾，我只能对着陈琴、薛瑞萍等好友的文章羡慕不已。费心劳神地备课，给学生诵读精彩段落提供方便，一是为享受冠伊、倩雯等文采出众的学生带给我"得天下英才而教之"的快乐，二是为有朝一日目睹怡心、佳怡等弟子量变到质变飞跃的辉煌。每当想到两个小宋，我心里便充溢着期盼的快乐。

章后记：

2007级学生升入初中后的第一个国庆节，我在外出游玩的路上接到佳怡妈妈的电话："韩老师，咱们七班的学生真的厉害，整个初一几百名学生进行朗读比赛，两个一等奖，全被您的弟子包了，一个是俺闺女小宋，另一个是冠伊。"

上了中学的孩子们有事没事到我办公室里，说几句。他们告诉我：宋佳怡是初中学生会主席，宋怡心是全年级成绩最好的学生，最让人羡慕不已的是，宋怡心的作业完成得最快，晚上七点就把所有学科的作业写完了。

实践证明，大量阅读是基础，诵读的文章多了，内化于孩子心中的文学甚至哲学的种子就会破土而出，萌生嫩芽，有的还会，吐露绿叶，绽放芳香。作文的过程不是"为伊消得人憔悴"而是"得来全不费功夫",面对作文本发愁的现象在大量阅读的学生面前会消失殆尽。

  我把作文训练的数量降到最低:在高年级段,除了课本上要求的8篇作文和每星期一个提纲,我班不再写其他作文;期末复习期间卷子上的作文大部分不要求学生写。少写不但不影响学生作文水平的提高,而且符合学生的愿望,更重要的是把写作文的时间用到阅读上,能为学生一生的发展打下坚实的基础。学生的学习是一个长期知识储备的过程,是一个随着年龄增长逐渐内化所学知识的过程。这个过程可能拉得很长,但时间愈久,文化内涵就会在学习者身上焕发出熠熠光彩。所以作文的训练要减到最少,而争取更多的时间让学生阅读、积累。我的教改实践证明:高效的语文课堂教学是"大量阅读"。学生的作文之所以文从字顺,是因为他们读书读得流利;学生的作文之所以妙语连珠、佳句迭出,是因为他们在大量阅读中积累了丰富的语言。"胸藏万汇凭吞吐,笔有千钧任歙张",学生有了满腹诗书,就一定会出口成章,下笔成文。

第八章

家校沟通营造阅读"巴学园"

在家长对老师的要求越来越高的今天,家校如何沟通才能形成合力?

1

沟通要客观、及时

家长会上，一位年轻老师说："李明明今年学得不理想，但潜力很大。"

"我的孩子上了一年学了，你才告诉我他学得不好，等到他犯了事了，你再告诉我还有什么用？"坐在后排的李爸爸愤愤地说。

当社会把保育员、心理医生、杂役等的职责一并强加到教师身上的时候；当家长、学生都对老师指手画脚的时候；当社会上的人认为自己最懂教育，只有老师不懂教育的时候；当教师只能终年疲于奔命，终日手忙脚乱，时时如履薄冰，刻刻如芒在背的时候……教师便成了终日担惊受怕的群体，已失去了尊严、主见和创造的空间。最终受害的是谁呢？是所有的学生、所有的家庭和整个社会。

我们且不去评论这个家长的素质，在整个社会对教师提出质疑的时候，家长对教师有情绪完全属于正常现象。教师们没有必要自怨自艾，还是应该多考虑一下解决问题的方法。当孩子表现不佳时，该不该告诉家长？找家长"告状"的老师是不是好老师，这是家庭、学校关注的热点。许多家长跟同事说："我的孩子应该不错，因为老师没有找过我。"老师既然没有"告状"，家长就自然认为孩子不错，这一点在一年级的学生家长身上表现得特别明显。一年级老师很难当，大部分家长都认为自己的孩子最聪明、最优秀，或者自认为孩子一定会遗传他的优秀品质，一定会比他当年更好，老师把"你的孩子不爱学习，你的孩子的表现不太好"这样的事实告诉家长，家长如何接受？"想当年，我是班长，我儿子怎么可能是熊包？当年我经常考第一，我女儿的成绩怎么可能倒数……"

自己的孩子是最好的，家长有这种心理是人之常情，家长对孩子的在校表现有知情权，等孩子"犯了事"再告诉家长确实于事无补。孩子上一年级了，对每个家庭都不是一件小事，老师应该通过信件、博客、电话等形式尽量与学生家长沟通，开展家校共建共育，搭建家校沟通桥梁，促进每个孩子健康成长。我以前的联系方式是信件、博客、飞信，现在是家长QQ群、微信群。通过及时沟通，我任教的学生从一年级入学后就没有出现过学困生，尽管学生资质不同，家庭条件、家长素质有很大差异，但孩子们都能跟得上"课内海量阅读"的步伐。

一、写公开信

◎ 公开信忌责备 ◎

一开始，由于对那些不负责任的家长不满意，我在给家长的公开信中流露出责备之意。如：

尊敬的家长：

假期中接到几位家长的电话，当听到张宝田、孙雁冰的家长说孩子快把《好妈妈儿歌400首》读完的时候，当听到武龙杰的家长谈起和孩子共同读书的感受时，我感到浑身充满了力量，心里仿佛被洒满金色的阳光。当听到有的家长说一家人是多么多么忙碌，任孩子玩闹了一个假期的时候，我的情绪很低落。开学第一天，我粗粗地检查了学生在假期的学习情况，管建靓、周亚伟、孙雁冰、丁伟帅、于金鑫、李浩冉、邱鸿宇、吉文霏、王健龙、马欣烁、张雪莹共11位同学在星期一就找老师检查完了《好妈妈儿歌400首》，感谢这些家长，你们是我前进路上的同伴，是我勤勉工作的动力，因为你们，我会心甘情愿地为学生付出更多的汗水和智慧。而对那些忙得没有时间在孩子的成长途中"扶"一把的家长，我无数次想问您：您爱您的孩子吗？如果说您不爱自己的孩子，您会很委屈，您觉得为他付出很多。请问，您为了孩子肯放弃看电视、闲聊的乐趣而在书桌前读书吗？如果您认为孩子不爱学习，问问自己是如何做榜样的。

一起读读我上一届学生的作文片段吧：

我喜欢读书是从小开始的，我当时喜欢的是图画书，因为那时我不识字，常常抓破书。后来，我发现，爸爸靠近它时，忍不住要笑出声来；妈妈靠近它时，总是目不转睛。于是我想搞明白：书里面到底有什么神奇的力量吸引着爸爸妈妈呢？

请问，孩子不爱学习，您有什么责任？

也许您的学历不高、学问少，但这并不妨碍您成为一个负责任的家长。我和上届学生学《论语》之前，我对这本书几乎一无所知，暑假中苦读《论语》时味同嚼蜡，但在和学生共同学习的过程中，我们师生都体会到了快乐。学习《论语》，我和学生站在同一条起跑线上，正是因为我对《论语》的"无知"，正是因为我经历了从"无知"到"熟知"的过程，才为学生探索到一条快乐高效的学习之路。各位家长朋友，千万不要认为别的家长学问大就一定比您出色，只要您和孩子一同阅读，您的孩子也会很优秀。

上星期参加培训，我听到一个让我感动的故事：一个老工人的四个孩子都考上了大学。老工人一个字也不认识，但孩子上学后，他却做了两张书桌，一张孩子用，一张他自己用。他的书桌与孩子的保持着距离，老工人天天与孩子一起写"作业"，写完就锁起来，从来不让人看。等他去世后，孩子们从上锁的柜子里看到了父亲的作业：一张又一张画满了圆圈的纸。

请问家长，您肯像老工人那样放弃玩乐，甚至暂时放下家务，到了与孩子约定的时间与孩子一起坐在书桌前吗？

这封信中有几个反问句暗含责备之意，我没有意识到这样的话对大部分认真负责的家长极不礼貌。当时许多家长回信检讨自己，实际上该检讨的应该是我。老师辛辛苦苦写信为的是让家长成为老师的同盟军，而不是让他们反感。对那些对孩子学习不负责任的家长不能光说好话，责备、劝诫还是应该的，这些应该在给个别家长的信中说，而不是在面向全体家长的公开信中说。

◎ 公开信的内容 ◎

公开信的内容侧重于：通报进度，提出建议；赞美表扬，树立榜样；表示感谢，增进感情；提问互动，了解情况；阐述理念，争取理解。

◇ 通报进度，提出建议

趣味识字

拼读音节时，采用"韵母定调法"。如，拼读时念 b—á—bá。
介绍几种趣味识字方法：

1. 办生活识字报

把家中的包装纸、包装盒、商标、报刊上认识的字剪下来贴在较大的纸上，就成了一份识字报。识字报上的字可做成一张张生字卡片。儿童读了色彩斑斓、异彩纷呈的识字报，再拿生字卡片认读，自测识字效果。孩子熟练认读之后可拿到学校与同学交换，与大家互教互学。

请家长充分利用社会、家庭这些学生接触频繁的资源为学生的识字之旅插上快乐的翅膀。比如坐汽车、逛商店的过程，也可以成为学生识字的好机会。

2. 读儿歌，拼句子

在学校里，老师每天都教孩子学习《读儿歌 识汉字》中的儿歌。家长可以用卡片把儿歌写出来，孩子边念边在桌子上用卡片把儿歌摆出来。

3. 打扑克，拼儿歌

把能组成一首儿歌的一套汉字卡片分给家长和孩子，你们边念或唱儿歌边像甩扑克牌一样把汉字卡片甩到桌上。甩完后，交换卡片再甩。

4. 贴标签

给家具、玩具、文具等写生字卡片（带拼音），让孩子给物品贴标签。

熟练拼读

现在拼音的教学基本结束，但有的孩子拼读得还不够熟练，需要多加练习。您可以和孩子把家中的物品写成带拼音的卡片，让孩子试着拼读。如果孩子没兴趣，您可以和孩子做个游戏，比赛谁先把带拼音的卡片放在对应的物品上。李晓榕的妈妈把要跟孩子讲的事情写下来并注上音，让孩子自己拼读，孩子觉得学拼音有用，有趣。只要用心，每一个家长都是教育家。您采取了什么有效的让孩子学习的办法？欢迎与全体老师、家长一起分享。

有的家长反映，我们学习拼音的速度快一些。这是因为学习拼音对学生、老师来说都是一个艰难、枯燥的过程。在此过程中，完全靠老师口头传授，已经会了的学生也要仰着头接受集体教学，对他们来讲，这是浪费时间、浪费生命。对于个别连字母也不认识的孩子来说，他们上课不抬头、不张嘴，集体的教学对他们很难起作用，他们需要老师、家长的个别辅导。我们当老师的不愿让任何一位学生掉队，家长也不会让自己的孩子输在起跑线上。请让孩子把第55页的声母、韵母、整体认读音节写成卡片，让孩子打乱顺序反复认读，直到熟练为止。老师会逐个检查，并在第55页盖三颗星证明孩子能熟练认读。第55页还没有盖上三颗星的，请家长督促，国庆节后主动找老师检查。

对大部分学生来讲，他们现在拼读得不是很熟练，需要我们多为他们提供拼读的机会，最好的方式就是为孩子选择容易拼读的儿歌。比如《三字新童谣》中的儿歌都是三个字为一句，适合刚学完拼音的学生阅读。家长可为孩子选择类似的短小、有趣的儿歌。

◇ **赞美表扬，树立榜样**

一举两得

真诚地说一声：感谢你们！开学一个多月以来，每个家长都在认真地辅导孩子，每个学生都有不同程度的进步。由于学前基础不一样，孩子的性情有区别，再加上家长辅导的方法、要求不一样，孩子进步的速度也不一样。请看下面两位家长的高招：

任叶萱的家长写了下面一段话并注上音：

我们的学校叫北海学校。它有优美的环境,漂亮的教学楼,明亮的教室,和蔼可亲的老师,活泼可爱的同学,我非常热爱我们的学校。

孩子练习了拼读音节,认识了生字,还起到了作文启蒙的作用。我信奉"劳于读书,逸于作文"的观点,不在一年级教学生提前写作文,但这样的作文启蒙教育我非常欣赏。

吴静琨的妈妈说孩子上学前认字并不多,开学后家长每天都陪孩子读书认字,除此之外还有"遥控"孩子的妙招:孩子在学校里能盖几颗星,回家后就给孩子讲几个故事。这真是一举多得:1.引领孩子逐渐走出家长"陪读"困境。2.孩子在学校自学,为同学树立了良好榜样,深得老师的喜爱,感受到上学的快乐。3.家长讲故事给孩子听,培养学生热爱阅读的习惯,这正是我向家长推荐的畅销书《朗读手册》所倡导的理念。现阶段大部分学生还不具备自由阅读的能力,读书给孩子听是一个好办法。由于家长的辅导方法科学,吴静琨识字的速度越来越快。

我从孩子认字的速度猜测,张学博、纪玉玮、程惠加、王生雨、马一鸣、徐一都、常博宇上学前认识的字不多,但在家长的要求和辅导下,这些孩子上学后第一个月的收获颇丰:能力在提高,好习惯在养成。家长要根据孩子的情况量力而行,既不要攀比,也不要放任自流。识字速度慢的学生首先要认会语文课本上的字,每学一课,就在当天认会这一课的生字。

激 励

在调动孩子的阅读积极性方面,家长各有高招。孙陶活泼好动,他的妈妈根据孩子的兴趣因势利导,买来猜谜语书给孩子读,孩子读谜面,家长猜谜底。为了防止家长知道谜底,孩子不让家长看书,家长也就不能陪孩子读谜面,孩子自己克服困难拼读,从而提高了阅读能力。孙陶的妈妈不只在家中教子有方,还有"遥控"孩子在校表现的高招。家长告诉我说:"这几天您奖励了孙陶不少卡片,他可高兴了,因为我从他把第一张小卡片拿回家起就对他表现出很惊喜的样子,对他说妈妈最喜欢这样的卡片了,所以他决定努力得到更多的卡片回来送给我,我都当着他的面好好收起来,他说要我一直攒到他上大学呢。"老师没有能力给学生买大额的奖品，但家长有办法让老师的奖品"升值"。对于好动的孩子，家长可要求他每周带回一张"我是课堂纪律星"卡片，每个星期五，都根据一星期各科表现发小奖状。对于写不好字的孩子，家长可要求孩子挣"我是小小书法家""登上写字山"奖状。对于阅读速度慢的孩子，家长可要求他挣"蹚过拼音河""翻越识字谷""闯过阅读关"奖状。

老师该不该要求家长辅导孩子？对此大家有不同的意见。苏霍姆林斯基认为家庭要有高度的教育学素养，家长辅导孩子的学习是理所应当的事，老师应理直气壮地倡导，关键是如何辅导。请家长辅导的内容有：一是老师精力所不及的，如看着孩子按正确的笔顺书写；二是"趣味性"的，家长、孩子乐于去做的。过度地勉强家长去进行乏味的辅导是不人道的行为，老师应和家长一同为学生创造一种人道主义的教育环境。

◇ **表示感谢，增进感情**

感谢支持

这几天陆续收到家长的信或邮件，咱们一（七）班的家长对学生负责的态度使我对这个班的语文教学十分乐观。有了家长的支持，我有信心用小学六年的时光为学生的书香人生打下坚实的基础，培养出57个（全班总人数）"腹有诗书气自华"的"小天才"。有的学生在课堂上学得不扎实，这本是老师的教学还存在不足之处所致，但家长纷纷找自己的问题，找孩子的不足，这使我既惭愧又感动。家长的支持使我每天都带着阳光心态走进课堂面对孩子们，谢谢大家！

付出无悔

《小学教学》杂志社的编辑廖巧燕一直催我写稿子，这对我这样一个不善于写作的老师是一个难得的机会，但我一拖再拖，写稿子的热情远不如给家长写信的热情，因为一（七）班57个家庭的家长们是我的忠实读者；深圳南山实验学校的张鹏校长邀请我去参加他们的教研活动，所有费用由他们承担，但我不愿意耽误孩子们的学习，每天看到一（七）班57

个学生的成长是我最大的快乐；我有很多信件的电子稿，但我总是愿意自己一个字一个字地敲击，因为家长的回信、学生的表现是我创作的源泉。一个家长说："我相信韩老师所说的、所写的道理，虽然暂时在自己的孩子身上看不到明显的效果，但我愿意相信韩老师的话，也努力让韩老师说的道理在孩子身上显现出来。"正是有了家长的信任和努力，才有了孩子的神速进步，才使我的"每周一信"有了动力。谢谢各位家长！

◇ 提问互动，了解情况

快速识字

星期一王生雨找我检查完了全班学生的姓名，对一个没有多少识字基础的孩子说，她能认识这么多不常用的、笔画烦琐的字让大人觉得惊奇，但对孩子来说这是很正常的现象。孩子们把汉字当作一个图形来记忆，与笔画多少没有关系。而且短时间内认的字越多，认读的速度越快，反之亦然。当年我在我女儿身上发现了这样的现象，我在我的学生身上也有同样的发现。现在王生雨的妈妈告诉我她也有这样的感觉时，我想跟全体家长说，这是我深信不疑的真理。所以我奉行在一年级大量识字、大量阅读，读完一本再读一本。敬爱的家长，您赞成这样的做法吗？

在游戏中识字

学到"顺"时，我把"顺"左边的"川"描成红色，然后把头发散开，学生会意：老师的头发很"顺"。右边的"页"所表示的意思在学"项、顶、颜"时已讲过，表示与头部有关。忽然想起女儿不会说话前，我问她："鼻子在哪里？脸在哪里？腿在哪里？胳膊在哪里……"女儿就摸摸鼻子拍拍脸、伸伸胳膊蹬蹬腿。我忽然童心大发，把"项、颜、顺、顶、颗、须"写在黑板上，我念字，让学生摸摸脖子、脸、头发，拍拍头顶，摸摸脑袋，捋捋胡子，然后找一个学生念，大家做动作。敬爱的家长，您跟孩子做过类似的识字游戏吗？把您的好办法写出来跟大家共享好吗？

假期安排

本来节前不再打算给家长写信，因为节后学生要考试，这段时间我忙着批改作业，在学校里几乎没有空闲时间。今天早上特地早起跟家长谈心，因为我知道家长们会仔细地读信，我的信会对大部分家长起作用。于是在晨曦中敲出下面的文字时，我不但没有觉得辛苦，反而觉得幸运，因为我们班所有的学生家长都是爱孩子的，无一例外。但由于爱的方式不同，孩子的资质、性情也不同，现在学生在课堂上呈现的状态也不同。大部分孩子已能够在课堂上合理安排时间：早上到校先读读背背，下午写写字之后读故事书享受一下。老师看到孩子们津津有味地读书时，感觉那是世界上最美的风景；听到孩子们稚声嫩气、抑扬顿挫的读书声时，感觉这是天籁之音。我为之动容。家长们，相信你们一定也会为之自豪、为之欣慰的。因为，教育的题中之义就包含培养孩子良好的生活习惯和学习习惯！在开学第一周晚上的以"教育即培养习惯"为主题的家长会上，我反复强调"兴致勃勃和日不间断"。您的孩子养成每天朗读的习惯了吗？

五一劳动节将要来临，对于有假期的家长来说，您会把1至7号整整一个星期安排得快乐充实，您会和孩子享受春风、阳光、新鲜空气，您会和孩子走亲访友……同时您一定不会忘记体验亲子阅读的快乐：听孩子读，稚嫩的童声会让您感受到孩子成长的快乐；读给孩子听，让孩子检查，他会检查得比老师还认真的；跟孩子进行朗读比赛，录下音来听听，您一定会体会到欢乐和幸福！

对于个体户家长来说，节日恐怕比平日更忙碌，没有办法为孩子提供学习所需要的安全、安静的环境。但是我相信，您会想方设法让孩子已逐渐养成的读书习惯保持下去，因为您爱孩子，您希望他将来生活得比您好。8号开学后老师也怕看到"疯玩"了一个星期的学生的那种"疯劲儿"未尽的状态。如何安排孩子的假期，让孩子做到劳逸结合，您想好办法了吗？

◎ 阐述理念，争取理解

阅读是积累渐进的技能

百万畅销书《朗读手册》告诉我们：阅读是积累渐进的技能，就像骑自行车、驾驶汽车或缝纫一样，训练得越多，就越好。不只如此，将来作文写得不好的学生一定是那些读书读得磕磕绊绊的学生，而乐于读书乐于积累语言的学生轻轻松松就能爱写、善写。

一年级上学期是大量识字的关键期

心理学研究发现，儿童是把汉字当成一个个完整的图形来记忆，这种图形记忆属于形象识记能力的一种。儿童的这种能力不但形成得早，而且潜力惊人，三至五岁是人的一生中认汉字最快、记忆力最强的时期。教孩子提前识字的家长会认可我们的这一观点。在小学阶段，一年级是认识汉字最快的时期。但我们发现有少数孩子认字、认读拼音很困难，那是因为他认得的字太少了。学生识字越多，再学习生字时就越容易。学习理论认为：学生掌握汉字的数量较少时，这些字在大脑皮层中是一个个孤立的点，这些点是极容易消失的，如果在短期内认读大量的汉字，这些汉字便在大脑皮层构建起联结，产生了系统，从而融会贯通，牢固掌握。我们的老师在多年的实践中发现，学龄前没有识字基础的孩子在入学后半年如果能认读600个常用字，再认读汉字就容易多了。那些暂时认读生字困难的孩子的家长，您愿意协助老师帮孩子越过认识600个字这个"坎"吗？

我曾读过不少关于教师教学技巧的书，被书中那种"不空讲道理"的务实作风所折服，于是我写公开信以展示方法为主，道理说得很少。后来有个家长在我面前对孩子说："你现在认字困难是因为认得的字太少，认得多了就快了。"这不是我在信上写的话吗？家长用来教育孩子了。看来"道理"还要讲，不只要讲给家长听，还要讲给学生听。

语文课上，学生读了十几分钟书，该放松一下了。我问："看到过探照灯发出的光吗？"

学生们摇头点头的都有。

"看到过手电筒的光吗？和舞台上的光一样，只照一圈，周围是黑的。"

"见过！见过！"学生们兴奋起来。

我画了一个圆圈，说："这是你的脑袋。"又画一束光照到脑袋上，问："谁上过蒙台梭利幼儿园？"

"我上过……我姐姐上过……我爸爸厂里的李叔叔家的弟弟上过……"

"蒙台梭利不只是幼儿教育家，还是医学博士，她发现儿童能成为天才，而成人已不具备这种能力。比如6岁左右时，就是你们现在这个年龄，背诵特别快。就像有一束光线，照在你们的大脑负责背诵的这个地方（我边说边画了一束光），负责背诵的这个区域是亮的，其他地方是黑的，在背诵上你们是天才，在理解上你们就差很多。有的同学考试成绩不好，是因为没理解题目要求，这不要紧，将来会有一束光照到大脑分管'理解'的区域，那时候就能轻而易举地理解，而现在最有效的做法是多读书、多背书。"

二、秘密信件

给家长的公开信力求让家长感觉有方法，可照着运用；有道理，应该试试；受尊重，觉得有干劲儿……但如果只是这样，有的家长意识不到孩子在班里表现不好，而任其发展。于是出现了这一两极分化的现象：表现好的学生的家长关注并辅导孩子，孩子掌握的速度很快；学困生的家长觉得孩子还过得去，因为没有被老师叫到学校"谈话"一通，从而放松了对孩子的辅导，结果孩子的表现越来越差。如果任其这样下去，时间长了，学困生就会越来越多。一年级的老师应及时跟那些可能成为学困生的学生的家长加强联系，给他们的信不宜"公开"，让家长感到这是单独给他写的信，但凡有一点儿责任心的家长，看到老师为他的孩子如此辛苦，也会心生一点儿愧疚，从而更加关注孩子的学习。

◎ **大同小异的秘密信件** ◎

刘明明的家长：

前段时间，在家长、老师的共同帮助下，拼读慢的孩子读完了语文课本，克服了横在学习道路上的第一大困难。现在我们来帮助孩子克服识字的困难。到周三为止还有包括您的孩子在内的13个学生没有认完语文课本上的字。

……

明明这几天表现还不错，成功指日可待，今天上课一直抬头，从现在开始想当努力学习的好孩子了。

王德明的家长：

前段时间，在家长、老师的共同帮助下，拼读慢的孩子们读完了语文课本，克服了横在学习道路上的第一大困难。现在我们来帮助孩子们克服识字困难。到周三为止还有包括您的孩子在内的13个学生没有认完语文课本上的字。

……

德明落下太多，周六我给您打电话。

这两封信都是给表现欠佳的学生家长写的。

崔靓靓的家长：

很高兴看到您的孩子认字的速度明显加快，谢谢家长的付出。

我们要做的是趁热打铁，巩固胜利果实——让孩子每天最少认读1课生字，争取这个星期读完《读儿歌 识汉字》。

周四开始学习《阅读》(这本书上的字大部分在《读儿歌 识汉字》和语文课本中学过)，一定要让孩子跟上，让他也能体验到一个多星期读完一本书（包括认字）的快乐。家长可在不同场合安排不同的人夸奖他阅读的"神奇速度"，给他树立自信。

刘英英的家长：

现在识字最困难的有6个孩子，包括您的孩子。我想和家长共同努力，让您的孩子脱离这个行列。

让孩子每天最少认读1课生字，争取早一天读完《读儿歌 识汉字》并认识语文课本上的字。

周四开始学习《阅读》，尽量让孩子跟上吧。这本书上的字大部分在

《读儿歌 识汉字》和语文课本中学过，应该比较容易一些。

这两封给学习较慢的学生的家长写的信内容有相同的地方，也有不同的地方。给相对落后的学生家长写信要尽量写出孩子的进步，让家长感到"劳有所获"，往往这些家长在孩子身上付出的更多。对那些一直自我感觉良好的学困生的家长应该实话实说，刘英英的家长在接到这封信后给我打电话说："孩子带回家的卷子分数都很高，一直认为她在班里最起码也能达到中等以上水平，也没有管她，没想到英英落后这么多，我们从今天开始一定会多辅导。"一年级的测试题都很简单，学生的考试分数普遍高，容易让家长产生自己的孩子还不错的误解，如果不明说，家长还会一直误解下去。

◎ 落后了更需要多读书 ◎

王小强的家长：

读完课本还要读别的书，您一定很累，可能您会想，如果小强不在韩老师的班里，可能一学期只要学一本语文课本，那么孩子一定就能跟上学习的进度了，就不会这么辛苦依然学不好，老跟不上全班的学习进度，令你担心孩子的自尊会受到伤害。亲爱的家长，我20多年的教学经验证明，一学期只学一本课本的传统教学方法更容易出现学困生。许多中高年级的学困生，其实他们在低年级时也能考出好成绩，到了三年级，一旦开始写作文，他们就成了学困生，而且可能会永远都是学困生，令他们的自信、自尊无法获得。事实证明，海量阅读是减少出现学困生的好办法。敬爱的家长，请拉您的孩子一把，不要让他变成学困生，否则会给孩子带来一生的缺憾。现在还来得及，请和孩子每天一起读书吧！没学的预习，学过的复习。只要多读几遍，小强一定能赶得上其他同学。

刚进行"课内海量阅读"实验时家长的指责、误解成为过去。今天，由于我在潍坊创下了良好口碑，9月份刚开学，家长们就相信了我的"课内海量阅读"实验，他们的信任令我永远心存感激。但也有少数家长把孩子学不好怪罪到"课内海量阅读"上。但真实的情况是，这其中有孩子的原因，比如精力不集中；也有家长的原因，比如放任孩子，没有时间在家辅导孩子等。穿旧鞋走老路风平浪静，尽管这条路会越走越窄；另辟蹊径遭遇非议，使得前进的路上布满荆棘。但我相信砍掉荆棘之后便是光明大道。把道理通过秘密信件与家长耐心讲清楚，不久的将来，小强的家长也会在孩子身上见到"课内海量阅读"的效果。

◎ 贺信喜报 ◎

我也常常通过信件向家长报喜，每周给一部分家长写贺信、发喜报，用彩色信纸或明信片以简洁热烈的语气写贺信，家长、学生为之自豪。

传递喜讯的贺信格式如下：

王小刚的家长：

写这封信是想让您知道，我对您孩子最近所取得的成就感到十分高兴。当听到以下内容时，您一定会很自豪的：_____

_____

_____

我知道您会和我一样，为孩子的这份努力和成就而自豪的。谢谢您的支持。

您真诚的朋友　韩兴娥

写贺信、喜报不要忽视了某个学生，尤其是那些表现一般或较差的学生。我把全班每个学生的姓名写在一个个信封上，放在方便拿取、显而易见的地方，每周拿出几个信封，写一张便条，略记一些有关该孩子的好事。当所有的信封都用光了时，我就知道已经和每个家庭都沟通过一次。

2 打造儿童阅读环境

一、"诱惑"家长"亲子共读"

"立身以立学为先,立学以读书为本。"阅读的重要性不言而喻,但让识字量少、阅读能力差的一年级学生爱上阅读却不是件容易的事情,需要"诱惑"家长和孩子共同体味亲子阅读的幸福。于是发生在身边的那些温馨的读书故事成为我的博客的主题。

◎ **父爱如山,母爱如水** ◎

解珂旎的妈妈问:"给孩子买了那么多书,可她自己不读,老让我读给她听。"一听就知道,这一定是一个爱给孩子讲故事、会给孩子讲故事的妈妈,所以孩子才迷恋妈妈讲故事。于是老师对这个孩子说:"现在你认识很多字了,也应该给妈妈讲故事了,现在你给妈妈讲一个,妈妈给你讲一个。过段时间,妈妈给你讲一个,你给妈妈讲两个。你长大了,应该让妈妈享受听你讲故事的乐趣。"

前段时间惊叹于宋佳怡背诵速度之快,而且背诵得如此扎实。后来听孩子的妈妈说:"睡前,与孩子一同读两遍儿歌、古诗,然后孩子在妈妈的诵读声中睡着,第二天孩子就能熟练背诵了。"幸福的孩子啊,妈妈的诵读是你一生的财富,当孩子成年后,诵读童年读过的诗歌时,回想起的不仅是文字,还有妈妈那温柔的声音和充溢其间的浓浓母爱。

元旦期间给郭文睿的爸爸打电话,电话中传来孩子读书的声音,那是我从话筒中听到的最美妙的音乐。很多日子以来,每当想起这个瞬间,我的心里就跳跃起欢乐的音符。节后看到家长的信中写道假期中三天的安排,听到孩子流利的读书声,看到绽放着笑容的小脸,我感受到了家长深厚的爱子之情。

假期里去小商品城,在嘈杂脏乱的人流中看到最美的一道景观:一个小学生在念书,一个成年人和孩子头靠着头一起看。我眼前一亮,忍不住伸过头去看了一眼,背对着我的孩子抬起头叫了一声"韩老师",原来是我只教过一年的学生李珺荣。家长坚持和孩子日不间断地共同读书,仅一年的时间,在没有老师要求的情况下,在人来人往的环境中,这个孩子竟能潜心读书,不能不让我为之自豪。那位妈妈在做生意的间隔和孩子读书,让我对其顿生敬意。家长不论从事何种职业,不论学历高低,不论是"官"还是"民",在老师的眼里都是"家长",老师敬重那些爱孩子、为孩子的未来着想的家长。

七班的大部分学生在开学两个月内度过了"识字困难期"。但还有十几个孩子或者由于年龄小,或者不知由于什么原因造成的注意力不集中,或者由于学前没有一点儿识字基础,或者由于家长忙于工作无暇拉孩子一把……孩子一直在"识字、阅读"的路上走得很艰难,家长辛苦、急躁、茫然。有人问我:"您的学生读这么多书是很轻松呢,还是要克服一定困难?"我不禁哑然失笑,每一点儿小小的成功都得付出汗水,这是常理。学习过程肯定不会是一个完全轻松的过程。儿童并不害怕认读的困难,但如果强制他们读书,他们的学习欲望就可能渐渐地消失。老师和家长要做的是像解珂旎、宋佳怡、郭文睿的家长那样与孩子共同读书,"诱惑"孩子读书,激起和发展儿童旺盛的求知欲。爱子之心会使每一个家长都成为教育家。

摘薛瑞萍老师的一段话与家长共勉:"不要太过听信轻松学习、快乐成长的神话。成人不自在,自在不成人;一分耕耘一分收获——这才是千古不变的真理。我们怎能想象，孩子没有经历过一次一次的摔倒，可以坚实有力地走路？当然，我们尽力给孩子营造宽松、愉悦的成长环境，但困难依然是不可避免的——也不该避免。"

家长回帖：

看到您引用的薛老师的话，我有点儿不同意见：我不认为学习是一件非常累非常痛苦的事情，到底怎样算是轻松学习，快乐成长？每天看电视、玩电脑算是快乐，每天在公园里玩得昏天黑地是不是快乐？还是自己从书中得到更多的知识是快乐？我认为这都是快乐的组成部分。这完全在于孩子成长过程中的引导和体验，如果在看书、读书、学习中能找到乐趣，那就不是苦差事，而是一件非常快乐的事情。当然事情都有两面性，在学习的过程中，难免会遇到一些沟沟坎坎，这时候家长、老师要么扶孩子一把，要么说一声"孩子，自己迈过去！"。如何选择要根据"沟"有多深"坎"有多高决定，还要根据孩子的能力够不够迈过去决定。

◎ **大声读书给孩子听** ◎

周三跟丁乐腾的妈妈谈起买书的事，因为不止一次地听孩子向我"炫耀"："韩老师，我妈妈给我买了《时代广场的蟋蟀》和它的姊妹篇，可有意思了！""韩老师，您有《夏洛的网》《精灵鼠小弟》，我妈妈也给我买了，很好看的！"丁乐腾的妈妈给孩子买了什么书？顽皮的丁乐腾为什么对这些没有拼音的书如此喜爱？这个爱跑爱闹的大个子"小"男孩难道能坐下来读长篇小说吗？这是我一直想了解的问题。

丁乐腾的妈妈跟我谈起《朗读手册》，谈起她按照《朗读手册》和薛瑞萍老师的文章给孩子买的童书。我感慨万分，丁乐腾的妈妈真舍得给孩子买书。但不是所有的家庭都会这样。一个学生在我的课堂上说："妈妈舍得花钱买衣服，但不舍得给我买书。"为了维护这位妈妈的尊严，我反问孩子："妈妈是不是因为你没有读完已有的书才没有给你买的？如果你读完了，她一定会给你买的。"这样一对比，丁乐腾真是个幸福的孩子，他拥有如此多的优质童书和一位读书给他听的妈妈。

你或许拥有无限的财富，

有一箱箱的珠宝与一柜柜的黄金。

但你永远不会比我富有——

我有一位读书给我听的妈妈。

丁乐腾每天从《笑话故事》中给妈妈读六个故事，妈妈每天给丁乐腾读《时代广场的蟋蟀》等，母子一同在桌子前坐着，听妈妈念书的同时孩子也在看着书，并帮着翻书页，有时指出妈妈读错的地方。丁乐腾的妈妈说在看《朗读手册》之前，凭着感觉认为孩子自己读不带注音的小说有一定难度，想到听也是一种阅读，于是就给孩子读书听。大道至简，道法自然。从"爱"出发的父母都是教育家，何况丁乐腾的妈妈后来读了《朗读手册》，有了"理论指导"，在亲子共读之路上，他们一家会走得更稳更快。

我的《朗读手册》借给高新双语学校的崔晓明老师看，换来《晨读十分钟》这本书，我忍不住把这两本书中的相关段落摘下来与家长共享。

如果是难度大、较为复杂的书，和自己看相比，听别人读则更容易理解它的内容。慢慢地给孩子读一些稍高于他们本身水准的书，一同翻着书页，孩子会歪着头听讲并提出问题，家长再给孩子解释。这是非常好的读书指导方法。

…………

小学四年级后，看比读更容易理解。所以在小学四年级前，不论学生阅读能力高低都应该读书给孩子听。打开一本书，如果生词量超过30%，孩子读起来困难，家长可以读给孩子听。如果词汇太简单，读者也会感到索然无味。如果词汇认识程度达到75%，读者会感到"跳一跳摘桃子"的快乐。

——摘自《晨读十分钟》

1. 重复朗读可预测情节发展的书时，偶尔在关键的词或句子上停下来，让孩子自己说出关键的内容。

2. 不妨从一页只有几行字的绘本开始，再逐步使用文字较多、图画较少的童书，然后逐步进展到有章节的故事书及小说。

3. 请孩子帮忙翻页。

4. 第一次读一本书时，与孩子讨论一下封面上的图。

5. 朗读时，经常问孩子："你认为接下来会发生什么？"

——摘自《朗读手册》

孩子的阅读水平不高，让孩子读和给孩子听的书也不一样。丁乐腾能轻松地朗读没有图画的注音故事，他给妈妈读《笑话故事》是一件快乐的事，听妈妈读难度稍高一点儿的小说也能轻松理解，因此这样的读与听都是愉快的。阅读能力比丁乐腾低一些的学生可以读《好妈妈儿歌400首》《日有所诵》中上课没集体学习的儿歌给家长听，家长可以读带拼音的小故事给孩子听。阅读能力差一些的学生可以朗读上课学过的儿歌，家长给孩子读将要在课堂上学习的儿歌，这样预习之后，孩子或许能在课堂上领读，从而找到自信与快乐。期盼着每个家庭每天都安排半小时的亲子共读时间，那么不论孩子聪明与否，他都会欢呼雀跃地行走在书香之路上。

周五下午我在教室后面收拾书橱，吴静琨、王生雨、王馨婕在读《好妈妈儿歌400首》，吴静琨的妈妈听孩子们念了一会儿忍不住感慨："读书的童音真的很好听……"下午五点多了三个孩子还读得很起劲儿，一回头，看到教室里站着一位男子在看着孩子们读书，是王生雨的爸爸，他没有发表感慨，我猜想，这么晚来接孩子还站在那儿不急不躁地看，也许是被纯真的读书声"迷"住了。

孩子们刚刚进入一年级，我就迫不及待地"软硬兼施"使他们都爱上读书，因为孩子读书的场面是最亮丽的风景，孩子读书的声音是最纯真的童谣。即便是在准备考试期间，也难以割舍这份"爱好"——每天上午第一节语文课前的20分钟让孩子雷打不动地读《好妈妈儿歌400首》。谁能大声、熟练地读就自动站起来。梁家铭"咯咯咯"的笑声清晰地传到我的耳中，看一眼那个乐不可支的小胖孩儿，感觉"胖胖的、棒棒的"；马一鸣、董冠凯一边读一边表演……孩子们听后也迫不及待地想读一读，我便不多说话，领读之后全班齐读一遍，这是"领唱与合唱"的旋律。然后再简单讨论，等孩子们叽叽喳喳发表"高见"之后再齐读一遍。孩子们表情丰富、兴味盎然地读着，这声音在我听来是天籁，是最动听的乐章，是千金难买的人间至福。如此美妙的"大合唱"只有当老师的可以天天享受，难怪那位接孩子的父亲听一段三人"小合唱"也入迷。

二、组建班级图书超市

如果老师不引导，孩子带到班级图书角的书就会五花八门。所以一年级上学期，我把彭懿在他的《图画书阅读与经典》中推荐的绘本书目发到家长群中，告诉家长现在班级图书角的绘本很少，孩子们都喜欢看绘本，喜欢听老师讲绘本。家长买书时可以商量一下，一人两本，就把所有书凑齐了，等春季开学后班级图书能丰富些，能吸引孩子们。孩子们陆续把买到的绘本带给我，我讲给学生听。

我先发给孩子粘纸，让孩子贴到自己打算带到学校的书上，让家长在粘纸上写上孩子的名字。

教室里有给孩子放衣服的小格子书橱，我把班级图书分别放到最高的七个小格子中，这样"拉高战线"是为了学生借阅时不会挤在一起，也为了尽可能多一个图书管理员，当上图书管理员对孩子来说是一项荣誉。每个小格子中只放20本书，多了不容易管理。第一个格子中的图书编号是1-1，1-2……1-20。第二个格子中的图书编号是2-1，2-2……2-20。

印发给每个学生一本"借书本"，借书本上有格子中的图书目录，封面用硬纸装订，用粗笔在上面写上孩子的姓名。孩子借哪本书，做好记录后，就把"借书本"放到那本书的位置。图书管理员一数就知道书橱里有几本书，被谁借走了哪几本。这样不容易丢书。有了"借书本"的限制，学生只能还一本借一本，如果丢了别人的书，只能在取得主人的同意之后赔上再借。这是简单有效的办法。

这是一号格子中书的编排：

借书签名、时间	书目、主人、书橱号	还书签名、时间
	《忘了说我爱你》 雨诺　1-1	
	《神奇校车·水的故事》 沾硕　1-2	

这是二号格子中书的编排：

借书签名、时间	书目、主人、书橱号	还书签名、时间
	《绘画阅读》第7集　青阳　2-1	
	《猜猜我有多爱你》 青阳　2-2	

借书多，并读给家长听的学生会成为下一个月的图书管理员，这是一个很好的奖励机制。

三、雷区穿行——推荐图书

不准老师向学生家长推荐图书是教育部门三令五申禁止的事，但全班共读的书由谁买单？教育收费是谁也不愿、不敢触及的"敏感地带"。而进行"课内海量阅读"实验确实需要大量图书，但学校图书馆配置的同一本书最多有五本，根本没法供全班共读。在一年级时，老师与家长交往时间短，相互之间还没有架起信任的桥梁，可能哪个家长一不顺心就会投诉老师。对"课内海量阅读"的挚爱，使我不由自主地在"雷区"穿行，如履薄冰、如临深渊，深恐给海量阅读教学带来障碍，给自己找来别扭。

我和海量阅读团队组建了五个2000人的"中国海量阅群教学研究"QQ群，本来是想为大家服务，把我整理的一些资料送给老师们，但没想到，很快就在群中找到了志同道合、做事麻利的老师，我们一起给学生整理阅读材料。比如，我和几个朋友整理了五种版本的教材录音及带注音文本，并把文本印发给学生。整理各种版本教材的想法是受宋彦国校长的启发。

在河北省承德县上谷学区中心学校，宋彦国校长告诉我："北京的一所学校要给我们的学生捐赠衣物，我说，还是把你们用过的旧课本捐赠给我们吧。"承德用的是冀教版教材，北京的学校用的是北京版的教材。宋校长和同事们，办公电话舍不得打，水电节省着用，省下每一分钱，配备全班共读的书。作为校长，他深知"严禁向学生推荐书目"的规定，但不能因为严禁就放弃"课内海量阅读"。有这样的校长，学生有福，老师有福，国家有福。

当家长认为，"课内海量阅读"不适合他的孩子，或者因为某种原因对学校和老师心怀不满时，就投诉学校或老师违反规定推荐图书。多少把"课内海量阅读"搞得红红火火的老师和学校，就因为家长的投诉而放弃。家长投诉的威力顶得上"原子弹"了！

到底还进不进行"课内海量阅读"？考试内容的导向、"不准推荐"的禁令……难道要回到一学期只学一本课本的老路上去？

每一个想让孩子踏上书香之路的老师还是要海量阅读的！不阅读，岂不是阻碍了学生的发展？不阅读，老师的教育生涯该多么乏味？怎么能教出好学生？

暑假里我逛书店，买了一摞适合一年级小学生读的读物，还托一个朋友从网上购了一些绘本。9月的第一次家长会上我一边展示一边告诉家长应该给孩子买什么样的书：字要大，图文并茂，内容浅显，三字一句、四字一句的儿歌最容易拼读。会议结束后，家长纷纷翻阅我的书。后来，郭文睿的爸爸告诉我，他因事没有参加那次家长会，听别人说了我买书的事情后，顿时对我充满信任和敬重，他认为老师为孩子们买童书付出的不只是金钱和时间，还有对教学的热情和对学生的期待。我买书只是为了给家长推荐，能"读"得如此之深的家长是绝不会对老师推荐图书有意见的。有深明大义的家长，就有黑白不分的家长，被家长投诉的危险如高悬在老师头顶上的剑。所以薛瑞萍老师说："我不是特级老师，但我是英雄老师！"和学生一起海量阅读，真的需要英雄般的情怀。

既然处处是雷区，英雄的老师们就一定要小心穿行啊！

1. 首先把教学计划给领导看一下，请领导批示，估计领导能口头应允就不错了，不会有白纸黑字批示的。

2. 列出一学期的共读书目，提前让孩子带回家请家长过目，家长会上请家长们黑字落到白纸上选择。家长不赞成的书就不推荐、不阅读，充分尊重家长的意愿。

3. 跟家长商量买书时，一定要留下"铁证"，如信件上、飞信上、家长QQ群中，一定要有记录：

不买不要紧，上课可以看PPT，老师已做好课件，没有书，不会影响孩子上课学习的。

…………

在此之前，在刚接手一个班的时候，我给学生印刷电脑上存的阅读材料，读以前的学生捐赠的图书。

没有一份英雄般舍生取义的情怀，怎么能将"课内海量阅读"进行下去？

四、"小豆豆"在海读中转变

◎"淘气包"刘豆豆（化名）◎

◇ 人见人厌的"刘豆豆"

"你们猜猜这是谁？"

"上课时，她的课本很少拿出来；偶尔拿出来，也很少翻开；偶尔翻开，也不是你讲的那一课。有时课上得好好的，她突然伸个懒腰，大叫一声：'哎呀，累死了！'有时钻到桌子底下，或者突然站起来，旁若无人地走出教室……"

"刘豆豆！"异口同声喊出这个名字的不光是我的搭档，还有全办公室的老师。

"韩老师到底是名师，写得这么活灵活现！"

"人家写的。"我扬扬手中的《江苏教育》。

去年秋季，去书店买来了《窗边的小豆豆》系列，那个淘气的'小豆豆'和我的弟子刘豆豆如出一辙。被淘气包折腾得够呛的老师们纷纷传阅这本书，大家一致认为，尽管每个班里都有几个怪怪的"小豆豆"，但最像"小豆豆"的"宝贝"学生非刘豆豆莫属。

◇ "刘豆豆"给我的下马威

最怕慕名而来的学生，一是不知家长为何方神圣；二是需要家长费心劳神找个好老师的孩子很可能存在问题。我曾遇到一个转进我班的学生，那个孩子患自闭症，虽说他的智力没有问题，但他沉浸在自我的世界里，对外界没有反应，听不明白老师说了些什么。期末考试语文、数学两科加起来得了10分。

我最担心那些慕名而来的难教的学生。报到那天，照名单点名，每个孩子叫到名字时都知道答应，心里暗喜——这群孩子智力上都没有大问题。没想到刘豆豆在开学第一天就给了我一个下马威。开学第一天教育局领导到各学校听课，第一节听我的课。课后，主任说："韩老师的大名早已如雷贯耳，今天一听果然与众不同，但我还是忍不住实话实说，你要关注弱势学生，你看最后排的那个女孩子，上课一点儿东西也没学，眼睛从来没有看过黑板，没有跟你念过一次拼音，经常坐在地上，书、本子扬得到处都是……"进行"课内海量阅读"实验七年了，这项实验最让我得意的事就是没有一个学生掉队，没想到开学第一天就在诸多新同事面前丢了脸，刘豆豆给了我一个下马威。

◇ 上课"梦游"的"刘豆豆"

刚入学的一年级小孩子经常上课请假去小便，想到他们年龄尚小，我一般都允许。孩子们小便之后都自觉回到教室，刘豆豆借小便之名到哪里游荡去了？我无从知晓。因为这孩子独来独往。老师不允许学生上二楼，下课时一群孩子告诉我："刘豆豆上二楼了。"批评她几次无效后，我也就懒得理睬她了。其实她去的不只是二楼，因为其他学生按老师的要求只在一楼玩耍，他们没有机会看到刘方芳到过哪里。

一次，刘豆豆的妈妈跟我谈起，孩子跟她说四年级的学生上课学什么，六年级的学生如何上计算机课，初中学生如何练习泥塑、剪纸……噢，原来学校偌大的教学楼她已逛了个遍。刘豆豆的妈妈是个宽容的、好脾气的、充满爱心的人，知道女儿上课"梦游"的经历也不急不躁，批评也是轻声细语。她"威胁"女儿说："你再上课到处跑，我就告诉你爸爸。"我猜想长得高高大大的爸爸或许是个严厉的人。

◇ **充满爱心的"小豆豆"爸爸**

转眼春节已过，刘豆豆因为视力不好坐到了前排。3月中旬，寿光、莱芜的同行来听课。寿光、莱芜的教师培训时我曾去做过"课内海量阅读"的介绍，在那里，我曾"吹"过：我的课堂充满生机，我的学生才华横溢……但没想到这次听课刘豆豆让我颜面尽失。这是开学后第一次大型的活动，市、区教研室的领导们都到场，特意换了一间大教室上课。听课的人没有按约定的时间到，一年级小孩子坐不住了，开始交头接耳，打打闹闹。终于等来了听课的人，首先学习一篇课文，"开火车"一人念一段，念课文的学生细声细语，像蚊子哼哼，坐在前排的刘豆豆不停地自言自语，声音比读书声还大。我的目光像利剑射向她，可向来我行我素的刘豆豆根本不懂得看人脸色行事。于是我的脸色越来越阴，声音越来越高。课后忍不住抄起电话向她爸爸告了一状，爸爸给了女儿一顿"肥揍"，爸爸果真严厉！

有一次上录像课，刘方芳的爸爸妈妈一同把孩子送到门口，孩子进教室了，爸爸提醒妈妈说："你跟豆豆说，上课不要紧张。"我一听差点儿晕倒，我的天啊！刘豆豆什么时候紧张过？倒是我这20多年教龄的"老"教师一见她就紧张，怕她蹦到讲台上时，我面对摄像机情绪失控。好一个充满爱心的爸爸！怪不得刘豆豆如此个性张扬。

◇ **给刘豆豆戴几个松松的"紧箍"**

暑假我读了20多本从英、美引进翻译的教育教学书，西方学生的叛逆程度让我"大开眼界"，所以我能理解刘豆豆的行为了，她不是有意捣蛋，而是因为从小在家中很少受到限制，到了学校里，她依然随性地满足着自己的好奇心，没有学会约束和限制而已。理解归理解，她的行为给班级带来的混乱却很难叫人容忍。我买来黑柳彻子的《窗边的小豆豆》读了几遍，也没找到解决的办法。9个人的班级可以"从你喜欢的那门课开始"，50多个人的大班却必须每天拿出一定的时间集体学习，因材施教只能是相对的。

跟豆豆妈妈进行了无数次的长谈，跟孩子进行了无数次的交流都不管用，自由成性的孩子很难忍受集体生活的限制。我和其他老师对她"视而不见"，她就"变本加厉"，连续几天第一节课时问我要卫生纸上厕所。终于有一天我忍无可忍，抄起电话让刘豆豆拨她爸爸的号码，说："让你爸爸立即带你上医院检查！"于是她肚子的毛病不治而愈。我对全班学生说："以后谁急着去大便、小便就马上去，回来之后在点名册上记下时间，每个星期老师都要看看谁经常上课去厕所，要扣他的分。次数多的，老师要通知家长。"一个松松的"紧箍"戴在头上，刘豆豆上课找理由外出的次数少了许多，"梦游"的行为也没有了。

偏离正常轨道的刘豆豆也有和其他孩子一样的需要，她需要小伙伴。"开火车"读书"连坐"的做法迫使刘豆豆常常翻开书。给她调一个她喜欢的同桌，轮到她读时提醒她翻开书（一节课能翻几分钟书已进步了不少）。看到刘豆豆坐在凳子上我已很满足，"今天老师很高兴，因为一眼就看到你了，不用到桌子底下找了。"当因为她不守纪律，她们那一排被取消比赛的机会后，我再瞅了一个时机说："刘豆豆刚才读书认真，这次答题的机会给他们组！"他们那一个组的学生欢呼雀跃，刘豆豆觉得很光彩。我刻意地给她几次为集体争"荣誉"的事做集体荣誉感是每个孩子成长的需求，以消除她的"劣迹"带来的破罐子破摔的心理。

大家读《弟子规》时，刘豆豆读《爱丽丝漫游奇境记》，我拿走她的书说："认完《弟子规》认读材料的第一页，我就把书还给你。"于是她翻开了大家正在学的书。以后每当她手中的"玩具"被我拿走时，她都问："达到什么要求就还给我？"这又是一个松松的"紧箍"，对孙猴子而言，

"紧箍咒"念得太急，他会跑了；对"小豆豆"而言，"紧箍"的松紧度要在她能承受的范围，太紧了会适得其反，"咒"念得太急了，她不吃那一套。若强行把她拉到"守纪"的大道上，会折断一棵肆意成长的小树，老师应该稍稍用力，让偏离了正常轨道的孩子能带着他自己的个性融入学校、班级这个"小社会"。

◇ **刘豆豆有事可做的课堂**

5月底，我带全班学生到市教科院组织的"主题学习研讨会"上上课。带全班学生去大礼堂上课不是第一次，从2003年开始，我带着我的学生们无数次上公开课，在上千人的大礼堂中，在初中、高中的老师面前，在中国教育界的高级专家面前，我都是带全班学生上课，一个学困生都没有留下。但那是中高年级学生，他们已经有了一定的自控能力。而一年级小孩子个个是"人来疯"，他们当着校长和诸多听课老师的面打架已不是新鲜事，再加上班里有几个"小豆豆"，带他们外出上课真需要胆量。同事劝我："别的老师上课都是带一部分学生，专家到各地上课带的学生也是挑出来的，你这并不具备多少教学机智的人更没有必要冒险带全班学生。"我不忍心留下几个孩子，况且我的教法能让所有的学生有事可做，他们没有机会闹起来。

两句简短的开场白后学《弟子规》原文："能亲仁，无限好，德日进，过日少。"老师领读一遍，学生读三遍。然后第一排学生"开火车"一人念一句，全班再齐读三遍。边读边用手指着书上的文字，老师巡视，最受关注的人当然是刘豆豆，站在她身边，早晚等她翻开正在读的那一页；把耳朵贴到她嘴旁，听不到她的声音誓不罢休。刘豆豆跟着大家念，过一会儿她所在的那一排有"开火车"读的机会，她不读机会就会被取消。自由成性的刘豆豆一看到我走下讲台竟懂得了赶紧翻书读。

读完《弟子规》原文，再读故事，这本书上的故事大部分以古人为主人公，生疏的词汇比较多，理解起来有一定难度，很难达到熟练朗读的程度。于是我"避重就轻"，不要求学生熟练朗读故事，不要求理解，只要求学生能清除文中的拦路虎——读准文中的生词。我先让学生自己边读边画出生词，人人有事可做。然后，我把自己的书放到投影仪上，手指着画出的词领读一遍，学生跟读一遍。这时，学生一边跟读，一边看屏幕上我画出的词，并跟着画下来。最后，我领读文中的词语，领读一遍，学生跟读三遍，跟读时必须迅速找出并用手指着所念的词，老师边领读边巡视。

教学过程中，最常用的一个做法是老师领读一遍，学生跟读三遍。一方面让学生多读几遍，为了他们读得更熟练；另一方面，老师有较充足的时间督促那些"小豆豆"们把目光、手指、心放到书本上。小孩子有事情做了，就闹得少了，学生捣蛋多是因为闲得无聊。

在听课的老师看来，这样的教学太乏味，纯属"灌输式"，但对学生来讲，全班每一个学生都在进行有效学习。那种一问一答式的"启发式"教学很难让"小豆豆"们安静下来，因为他们无事可做。所以低年级的课堂要力求清清爽爽、干干净净，尽量减少讨论、问答，不要让小孩子承受被动听讲的无奈。读书要边读边画，我领着孩子们从最低的起点上扎扎实实、一寸一寸地朝前挪，一步一个脚印地朝前走。孩子们"挪移"的脚步，在老师和父母的眼里是最美丽的风景。

◇ 快乐的"小豆豆"、幸福的老师

"豆豆，你再读错这个字音，我就取消你组的比赛资格。"我边说边抓起她的细胳膊。

孩子笑着飞跑回座位。刘豆豆能坐在凳子上了；刘豆豆能按老师的要求翻开书读了，且读的时间越来越长了；刘豆豆能交上作业了……或许她永远成不了学习最好的，但她的进步显而易见。"参差不齐是世界幸福的本源。"哲人如此说过。对"小豆豆"们，诱之、导之、爱之、包容之，师生才能快乐地同处一个屋檐下。

◎ "小豆豆""蜗牛" ◎

永远不紧不慢的"蜗牛"张晨晨（化名）是另一种类型的"小豆豆"，从内心深处接受他、包容他，我走过了一段艰难的心路历程。

第一周写了四次课堂作业，第二周天天写，每天写一课或两课，全班只有张晨晨没写完，开始几天都告诉家长孩子没写完作业。同样的话说多了就烦了，于是只告诉家长：他每天都写不完，全班只有他一个写不完。后来就不打算跟家长"汇报"了。这天下午，还是全班只有他一个没写完，总不能为了等他一个人就让大家再上一节自由阅读课吧。问题是再等他一节课他也写不完啊，于是越看他越生气。一起学新课了，大家有声有色地读着课文，张晨晨在不紧不慢地写生字，他那双无神的大眼睛对着课本上的生字盯半天才慢条斯理地写一笔。想到他的"屡教不改"，多日积累的火气噌地冒了出来，我抓过他的作业本扔在了地上。过后，想到自己从开学以来对学生一直和颜悦色，在同事面前吹嘘自己读了老子的哲学后"修养"提高了许多，一位同事哈哈大笑，说拭目以待看我"原形毕露"。其实，张晨晨就是那种天生的"蜗牛"性格，你想让他快起来"难于上青天"，就因为他"慢"，他妈妈曾跟他爸爸打架，他爸爸也是天生的慢性子。张晨晨写字慢是很难改变的事实，但第二天他总能交上前一天的"课堂作业"，那是家长对他声嘶力竭后的"辉煌战果"。想起往届那些拿回家就从此不见踪影的课堂作业本，张晨晨要可爱得多了，蜗牛的好处就在于，虽然爬得慢，但总是在向前进，跟那些"不怕开水烫"的宝贝们比好多了。这样想来，心情好多了，我便捡起地上的作业本，顺便摸了一下他的头，"蜗牛"面无表情，搞不清刚才还怒火冲天的老师为什么突然温柔起来。我那气死人不偿命的学生啊，他才懒得去搞明白如此复杂的问题呢！

后来莱芜市钢城区的一位老师问我："学习进度加快后，有一部分学生出现跟不上的情况怎么办？"我回复："那些跟不上进度的孩子只要能在课堂上跟着读，他们尽管好像没有学会，但是实际上他们也在从中受益。"语文的学习不是"日日清"，而是"日后通"；不是"清清楚楚一条线"，而是"模模糊糊一大片"。总有一天，那些似乎什么都没学会的孩子会开窍，"课内海量阅读"的神奇效果会突然彰显。所以，老师应该高高兴兴地给"蜗牛"一个没有批评的巴学园，用灿烂的笑脸面对所有不同资质、不同性格的学生。

五、润物无声　化育无形

"韩老师，你做了一件功德无量的事情。"人民教育出版社小学语文教材总编崔峦老师听了我执教的课《论语——孔门弟子子贡》之后说。我听之汗颜，"功德无量"这么崇高的赞誉，我这种小人物实在受之有愧。后来看到畅销书《朗读手册》上写道：

2%的受刑人员都是辍学的学生。

低识字率阶层中的受刑人员，是一般人中受刑人员的两倍。

60%的受刑人员是文盲。

63%的受刑人员是累犯。

为什么这些学生会辍学离校呢？因为他们不会阅读——这影响到成绩单。改变毕业率，就改变了入狱率，也就改变了整个国家的风气。一个国家的高中毕业率愈高，入狱人口就愈少。因此，读书是消灭无知、贫穷与绝望的终极武器。

看到有国家把培养阅读兴趣当作改善社会风气的一剂良药，想到凡是民智开启的国家，经济必然得到腾飞，想到我的弟子们的种种表现，我心里坦然接受了崔老师对我的赞赏。

一年级的家长们在我的博客上写了孩子们读书后的表现：

○晚饭时，袁铭瑞从刚炒的蔬菜中挑选她认为最好吃的部分喂给妈妈，妈妈夸奖她关心妈妈，她笑回："鸦知反哺之孝，羊知跪乳之恩。"诵读经典让孩子们长大了！

○宋佳怡和妈妈逛超市看到散装小零食，就拿起了几个央求妈妈给她买，妈妈不答应走开了，过了一会儿妈妈问她是否把零食放回原处了，否则就是偷了，宋佳怡回道："身有疾，贻亲忧。德有伤，贻亲羞。我不会让妈妈蒙羞的。"

○这几天吴静琨看书时有点儿走马观花，妈妈问她应该怎样读书，她回答:"读书法,有三到:心眼口,信皆要。"

○星期天妈妈包饺子,李宇虹不吃肉馅的,非要吃素的,妈妈问书上是怎么说的?李宇虹马上说:"对饮食,勿拣择。食适可,勿过则。"

○台浩文在楼下玩,鞋带开了,他正要系鞋带,妈妈说:"不用系了,上楼马上又要换鞋了。"浩文紧跟一句:"冠必正,纽必结。袜与履,俱紧切。您忘了吗?"

○丁乐腾问:"爸爸为什么那么喜欢看书?"爸爸说:"给自己充电啊。"丁乐腾说:"人生不读书,活着不如猪。"经妈妈一启发,他又说:"玉不琢,不成器。人不学,不知义。"

○以前让张益嘉做事他总说"等等""过一会儿",自从他学了《弟子规》以后,妈妈有了法宝,当他说"等等"的时候,妈妈就说:"父母呼……"他会叫着:"应勿缓!"就去做了。

《中国教育报》读书教育中心主任张圣华先生听了我的课《论语——交友之道》之后问:"学生在讨论、辩论方面非常成功,知识点的掌握程度非常高,这一点注定考试不会失败。但是我们的考试是有问题的,只考'硬'的东西,'软'的东西不考,这也是高考改革的瓶颈。例如情感的东西考试考不到,但我们的教育不能耽误了情感教育。现在的学生当中,有'无情'阅读现象,不会动情,只讲道理。韩老师教学中的情感教育是怎么完成的?"

我回答说:"我经常结合实际、联系书本进行情感教育,比如《论语》中提到的原壤,课前与几个学生讨论,学生都说孔子不应该交这样的朋友。我也没想明白如何去说服学生。下班后,同家人议论同学聚会,谈到四十岁以上的同学应不应该聚会的问题,因为聚会时可能会发现有的同学在学生时代很出色,几十年不见,现在反而很潦倒。于是我想到,如果让我的学生思考30年后,他们同学聚会时,假如出现有的同学生活困窘,有的同学事业停滞,同学们会不会不理睬他?第二天上课时,我提出这个问题,孩子们神情激动地表示不论环境如何变化,都会珍视六年的同窗之谊。这样就通过感同身受理解了孔子对原壤的情感。

我个人的能力有限，于是进行情感教育有一定的局限性，比如我的朗读能力达不到动人心弦的水平，在公开课上我很少当众朗读，但是在没有人听课时，尤其是在低年级的课堂上，我们师生关起门来，我还是经常通过朗读进行情感的熏陶，引导学生通过朗读来表达他们的感情，让学生自己体验情感。我在中高年级上公开课《黄河魂》《再见了，亲人》……孩子们课堂上的朗读相当感人，几百人的会场上一片肃静，有的老师感动得都掉眼泪了。

进行情感教育的最佳方法还是引导学生读思想、文字俱佳的文章、书籍，那是我进行情感熏陶、情感教育的最有效、最长效的方法。

教书育人是老师的职责，但有时候，我拒绝一些指令性的育人任务。如，三八妇女节，进行热爱母亲的教育；五一劳动节，进行劳动光荣的教育；清明节，进行扫墓祭祖的教育……进行这些教育都没有错，但是没有足以打动学生心灵的文本，没有动人心弦的故事，老师言不及义，学生东拉西扯，会白白浪费时间。最让人烦心的是，领导还要检查，从一楼查到四楼，一节课都查不完。当领导走进我的班级检查时，要求的教育早已进行完毕。最初我还解释几句，后来干脆说："给我们班0分吧！""课内海量阅读"的孩子汲取的精神营养何其多，为什么一定是按节日时序进行定向思想教育？"君子有所为有所不为"，太多的"统一"会堵死教师个性成长的道路。读苏霍姆林斯基的文章时，我惊喜地发现，我这个小人物与大师的观点不谋而合：读书就是教育，教育就是读书。